国家社会科学基金一般项目“平行建构
话题结构的跨语言比较研究”(13BYY0

平行建构理论框架下话题结构的句法—语义—语用界面研究

高秀雪　著

山东大学出版社
·济南·

图书在版编目(CIP)数据

平行建构理论框架下话题结构的句法—语义—语用界面研究/高秀雪著.—济南:山东大学出版社,2020.12
ISBN 978-7-5607-6874-8

Ⅰ.①平… Ⅱ.①高… Ⅲ.①语用学—研究
Ⅳ.①H030

中国版本图书馆 CIP 数据核字(2020)第 244681 号

责任编辑 陈佳意
封面设计 王 艳

出版发行 山东大学出版社
社 址 山东省济南市山大南路 20 号
邮政编码 250100
发行热线 (0531)88363008
经 销 新华书店
印 刷 济南新科印务有限公司
规 格 880 毫米×1230 毫米 1/32
7.5 印张 212 千字
版 次 2020 年 12 月第 1 版
印 次 2020 年 12 月第 1 次印刷
定 价 32.00 元

前　言

作为普遍语言现象，长距离依赖关系表现出语言的复杂性，涉及语言的编码和解码，一直以来都是句法研究的重要问题，是语言学家，也是心理学家关注的问题，填充物和空位之间的依存关系规律有助于揭示语言本质和人类认知本质。话题结构作为典型的长距离依赖关系结构，其生成制约因素可以为长距离依赖关系的研究提供一个很好的角度。汉语话题结构也是汉语语法界探讨的热点问题，话题研究与汉语的语序、特殊结构、语言类型等方面的研究密切相关。然而汉语话题仍然有很多悬而未决的问题，尤其是话题生成机制。

汉语话题的界定存在很多争议，话题的语法地位就分为主语—话题等同论、主语—话题并存论和主语—话题平行论等不同的观点。本书赞同主语—话题并存论，因为话题有自己的话题标记，同主语一样，具有自己独有的句法位置，不是其他成分临时处于句首，话题结构是非标记结构。承认话题的句法地位并不是否认话题的语用/语篇功能，句法话题一定是语用话题，但语用话题未必是句法话题，二者分属句法和语用层面，话题是一个句法—语义—语用界面概念。

汉语话题的辨识也存在争议。理论上，话题与主语占据不同的句法位置，应该容易辨析。但实际上，由于汉语不是屈折语言，主语和话题的判断除了形式标准，也离不开语义标准。话题辨认的形式标准为主语前 NP 和话题标记，语义特征基于话题和述题之间的“有关性”。本书排除了介词短语话题和次话题，确定了双 NP 句的汉语式话题的存在，同时也指出单 NP 句中并不总是句法歧义句，有些 NP 只能是主语，如存现句和受事主语句不在话题结构范围之内。话题与述题之间“有关性”的界定往往被认为比较笼统，话题结构的语义分类多种多样，这就表明话题与述题之间的关系本质还需要进一步研究，也是本书需要解决的问题之一。根据话题与述题之间“有关性”关联模式，汉语话题分为四类：语义角色关联、认知语义关联、语用关联和语篇关联，每一类话题采用不同的手段达到与述题的关联。

汉语话题结构的生成主要分为四个研究路径，分别为生成语法研究、语义/语用研究、认知研究和功能主义研究。生成语法研究争议的问题是话题结构生成是否受局域条件限制，基础生成和移位生成的两种观点相持不下，无论是持哪种观点都存在反例。生成语法又在最简方案的理论框架下把基础生成和移位生成统一在语段操作之下，句法操作手段发生了变化，但允准条件限制仍然过强，排除了一些可以接受的句子。语义/语用研究路径坚持话题的语义允准而非句法允准，语义允准条件多种、具体，该研究路径对“有关性”的语义分解最为细致，操作性强，但是语义允准条件也并不能解释所有话题结构，尤其针对一些汉语式话题结构，该研究描写充分，但没有讨论话题结构生成的动因。认知研究路径和功能主义研究路径总的来说又过于笼统，对于一些不可接受的话题结构解释力不够。认知参照点理论和焦点的激活扩散理论下的话题限制过于宽泛，远没有生成语法和语义/语用研究细致、具体，认知和功能研究可以解释可以接受的句子，但对于一些反例就会“束手无策”，如生成语法领域中探讨的主宾不对称现象。

本书基于平行建构理论建立了一个新的理论模型，提出句法—

语义—语用界面理论，认为语义和语用都对句法实现起作用，也就是说，句法和语义、句法和语用相互作用。认知框架下的概念结构是合适的句法—语义—语用界面，该界面包括三部分：基于动词的事件结构、词汇语义和语用。根据“工具箱假设”从三个部分中选取不同的工具，各个因素往往相互作用制约着句子的生成，导致对可接受性判断的梯度性，满足的条件越多，句子就越容易被接受。句法和语义属于语法因素，语用（包括百科知识、信息结构、语境、语篇、语言使用频率等）属于非语法因素，前者属于语言能力，后者属于语言应用，语言加工属于语言应用。该理论模型如下：

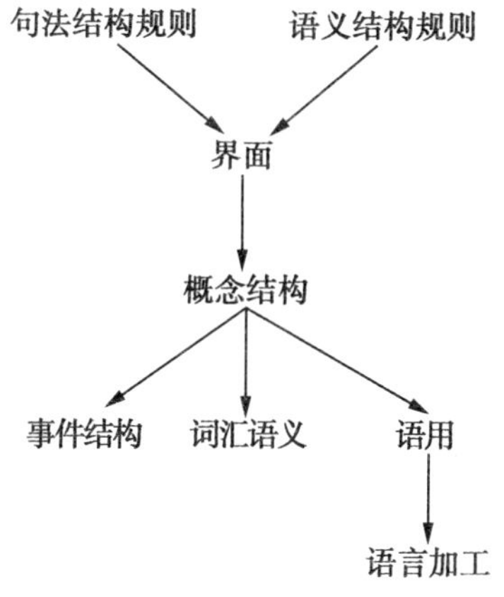

本书在句法—语义—语用界面理论模型下对话题结构的生成进行了研究。话题结构的生成与孤岛条件无关，没有统一的句法、语义生成机制，话题与述题之间关联的建立基于语义“有关性”。“有关性”的实现分为两类：一类是话题有同指空位或复指代词，属于英语式话题范畴之内。英语式话题结构分为三类，话题对应于述题中不同的句法位置，分别为简单句、复杂结构、附加语结构，话题结构的生成与事件结构、信息结构、物性结构、语言加工等密切相关，只有满足了以上几个方面的要求，话题和述题才可建立“有关

性"联系，其中附加语话题提取还涉及复杂事件结构。复指代词的隐现有语用原因，更多的是语法本身的原因，话题提取的结构越复杂，复指代词出现的可能性越高，这是因为复指代词的出现有助于语言加工。第二类话题没有同指空位或复指代词，属于汉语式话题范畴，话题和述题之间的"有关性"建立在关联原则、框架大于内容原则、范畴原则等普遍认知规律之上，在这些认知原则的指导下选择不同的语义或语用手段达到建立"有关性"的目的。

最后，本书从语言类型学的角度探讨了汉语话题突出的原因。之所以汉语被界定为话题突出的语言，是因为话题结构的语法化程度高，表现在话题标记、话题多样性和话题多产性。任何语言都有可能语用语法化，但只有汉语等部分语言成为话题突出的语言，其原因有来自语言本身的因素。汉语具有有助于话题突出的语言因素，如语用语序、体貌突出和非格标记；话题突出的另外因素来自思维模式、意合思维和空间思维与话题结构相契合。

本书为话题研究提供了一个新的研究视角，以往的研究大多致力于话题结构生成统一的解释。笔者认为，话题结构生成既没有统一的句法限制，也没有统一的语义限制，句法和语义的共性只在于句首句法位置以及话题与述题之间的"有关性"语义关系。笔者认为，能否形成一个合格的话题结构，在于述题的状态化下述题空位的解读，话题与述题某个成分之间的关系，甚至话题与整个述题之间的关系。话题与述题之间的"有关性"总体来说是笼统的，但落实到每一个话题结构都是具体的，"有关性"的实现具有不同的手段，影响"有关性"关系建立的因素有句法因素、语义因素、语用因素和语言加工因素等。

本书的重要贡献在于发展了界面理论。界面研究是当前语言研究一个重要研究路径，但对于什么是语言界面，语言学界有不同的观点。笔者认为研究对象不同，其界面就不同。就句法结构而言，语言的哪个层面对句法实现有影响，这个层面就是界面。文献中句法—语义界面最普遍的观点是语义影响句法，但对于语义如何影响句法以及何种语义影响句法有不同的观点。笔者基于Jackendoff(2007a)的平行架构理论，提出句法—语义—语用界面理论，认为语义和语用都对句法实现起作用，也就是说句法和语义、句法和语用相互作用。

本书对汉语语序的认识有一定的启发，汉语语法可以摆脱印欧语言语法的束缚，不再套用印欧语言的语法，转变主谓关系的句子观，转向从自身的特点出发，认识到语用在语法中的作用，从而解决更多悬而未决的问题。话题结构研究有助于了解语用因素在汉语语法中的作用，对世界语言类型学研究也有一定启发。

本书具有一定的应用价值。长距离依赖关系的话题结构研究有助于了解人类的认知方式，对研究心理学、人类生物学、计算科学和人工智能具有重要参考价值，其研究成果还可以用在机器翻译和检索中。本书内容可以用在其他句式的研究当中，如中动句、受事主语句、存现句等，对汉语教学和第二语言习得都有一定的帮助，为语言教学和语法教学服务。

作 者

2020 年 8 月

目　录

第1章 绪 论

1.1 研究背景:长距离依赖关系

自从 Ross(1967)和 Chomsky(1977)认识到自然语言中有许多非约束依赖关系结构(unbounded dependency constructions)以来,非约束依赖关系一直都是句法研究的重要问题。所谓非约束依赖关系也称为“长距离依赖关系”(long distance dependency),一般是指句子中有一个空位(gap),能够填充这个空位的成分在句子较高结构处可以找到,填充物(filler)和空位之间就存在依存关系。有时空位也可以由复指代词(resumptive pronoun)代替,填充物和复指代词具有相同的特性,二者之间存在依存关系。长距离依赖关系是一个普遍语言现象,如英语中常见长距离依赖关系结构包括话题化、*wh*-疑问句、难易句、关系从句等,分别如下所示:

(1)a. *Chris*, I like ____/him.

b. *What* did you find ____?

c. *This question* is tough to answer ____.

d. *The guy* who(m) Peter talked to ____.

长距离依赖关系表现出语言的复杂性,尽管填充物不受约束,可以越过多个从句,从某个空位移出,二者之间是非连续、长距离、非约束、依赖关系，如“What crimes does the FBI know how to solve?”，但是移位并不总是自由的，要受到局域(locality)条件限制。Ross(1967)提出了孤岛条件限制(island constraints)，指出一些结构像孤岛一样形成封闭区，封闭区的成分不能移出封闭区外，例如复杂名词短语限制(Complex NP Constraint)、主语从句限制(Sentential Subject Constraint)、并列结构限制(Coordinate Structure Constraint)、左分支条件(Left Branch Condition)、疑问词孤岛限制(WH-Island Constraint)等等。该理论在Chomsky句法理论发展过程一直处于难以撼动的地位，邻接条件(Subjacency)、空语类原则(Empty Category Principle)和提取域条件(Condition on Extraction Domain)等都是以孤岛条件为蓝本发展起来的局域限制理论。

Chomsky等主流生成语法学家坚持长距离依赖关系结构的纯句法操作，认为填充物和空位之间的局域限制是语言能力的一部分，但有些语法学家持不同的观点，认为提取成分与空位之间的依赖关系不是纯句法所能解释的。还有语言学家和心理学家认为这类复杂的语言现象的生成与语言加工有关，受普遍的语言应用条件限制，加工成本越高，句子的接受程度就越低。因此，长距离依赖关系作为普遍语言现象涉及语言的编码和解码，不仅是语言学家，也是心理学家关注的问题，其制约关系规律有助于揭示语言本质和人类认知本质。

1.2 研究对象：话题结构

话题结构(topic constructions)生成的制约因素研究可以为长距离依赖关系研究提供一个很好的角度。话题结构是本书研究的对象，但是对于什么是话题结构，文献中有不同的看法，研究的层面不同，研究的范围也不同，有些宽泛，有些狭窄，因此，我们必须界定研究对象，尤其是分歧严重的汉语话题结构。

要做到对话题结构的界定，首先必须明确话题(topic)的概念。话题是当代语言学中一个重要概念，也是半个世纪以来世界语言学和汉语语言学界的热门话题。文献中出现多种话题定义，但仍然是众说纷纭，话题关系到语篇、语用、句子信息、句子的结构和功能等方面，不同的研究类型和研究流派侧重话题的不同方面，如果未加说明，往往会造成误解。话题的定义和分类都涉及句法层、语义/语用层，造成许多混乱。

话题首先是语篇分析中的基本概念，话题可以是互动对话语篇中交际双方谈论的对象，语篇由多个句子构成，话题并不一定在语篇及其内部语句中有形式上的表征；话题还可以是一个句子所构成的语篇中交际双方谈论的对象，处于句首。van Dijk(1977)把这两类话题分别称作“语篇话题”(discourse topic)和“句子话题”(sentence topic)。相当于Schiffrin(1988)的篇章话题(text topic)和实体话题(entity topic)，前者是篇章命题的话题，后者是句子命题的话题。

句子话题是基于句子的二分法，布拉格学派和现代一些功能学派把话题看作句子的基本参照点。从信息结构上，句子分为主位(theme)和述位(rheme)，话题相对于句子的主位，是句子中的已知信息或旧信息，是句子的心理主语。话题这一术语最早是Hockett(霍盖特)在1958年提出来的，他把主谓句子分为话题和述题，话题是说话的起点，而述题是对于这一起点的陈述，话题建立在“有关性”(aboutness)基础之上，“说话人提出话题，然后作与之有关的阐述”(1958：201)。句子话题和语法主语可能相一致，也可以不一致，分别如下：

(2)a. John/ran away.

b. That man/I love.

“有关性”被普遍认为是话题的定义特征。van Oosten(1986)把话题界定为语用或语篇概念,“有关性”是典型话题的必要和充分条件,说话人的意识、说话人注意的焦点是“有关性”的自然结果。Reinhart(1981)、Lambrecht(1994)、Kuno(1972)等也基于“有关性”认为句子话题是语用或语篇概念。

Gundel(1988)对句子话题又作了更严格的划分,她把话题分为语用话题(pragmatic topic)和句法话题(syntactic topic),分别从语用和结构的角度对话题进行定义。语用话题是指句子中的实体,说话人意图增加听话人关于实体的知识,或询问听话人关于实体的信息,或期望听话人就实体做出行为。语用话题必须满足熟悉性条件(familiarity condition)和可辨认性条件(identificability condition),也就是说话题为已知信息,具有有定性(definiteness)。Gundel(1988: 210)的话题和述题具体为:

话题:实体 E 是语句 S 的话题,当且仅当说话人在说出语句 S 时,是为了增加听话人有关实体 E 的知识,或索取有关实体 E 的信息,或期望听话人对实体 E 作出有关行为。

述题:陈述 P 是语句 S 的陈述,当且仅当说话人在说出语句 S 时,目的是为了使陈述 P 成为针对语句 S 的话题而发出的论述。

句法话题是指处于话题专门句法位置的话题表达,处于句子附加语位置并受句子直接统治(immediately dominated)。句法话题都可以是语用话题,但语用话题不一定编码为句法话题。句法话题和语用话题属于不同的层面,句法话题一定具有语用功能,但是具有语用功能的话题不一定是句法话题。

任何语言中都有话题结构,话题结构是跨语言现象(Comrie, 1981),但不同语言话题的句法实现不同,一些语言用语法结构体现话题，话题有形态标记(morphological marker)，如日语は、も、こと，而英语话题没有话题形态标记，而是通过语序来体现，英语句子结构为SVO，句首位置是主语位置，话题处于句子之外附加语位置。有些话题—述题结构是基本结构，如汉语话题结构是常见句子，而英语话题结构是特殊句子，具有明显的非正常语序感，具有标记性(markedness)，为了满足语用需要，由主谓基本句派生而来，话题结构是话题前移而话题化的结果。

英语话题结构分成两类：话题化结构和左偏置结构，这两类结构都是NP附加语位于分句的左边，NP附加语与分句中的一个成分具有同指关系，前者是与话题同指的空位，后者是与话题同指的复指代词或其他照应成分，分别如下：

(3)a. *Tom*, I can't stand ____.

b. *That kind of thing*, I don't think I'd ever do ____.

c. *Cheese*, people have strong feelings about ____.

(4)a. *Tom*, I can't stand *him*.

b. *That kind of thing*, I don't think I'd ever do *it*.

c. *Cheese*, people have strong feelings about *it*.

从以上介绍可以看出，话题处于两个不同的层面：语用/语篇层和句法层，研究的角度可以从语用/语篇，也可以从句法层面，前者涉及话题的“有关性”和“已知性”，后者涉及话题的句中位置。话题具有界面地位，体现句法、语义、语用特征，因此就会有不同的研究角度。话题分为语用话题和句法话题，任何语言都有语用话题，但区别在于话题是否编码为语法成分。英语不是话题突出语言，话题没有语法化，必须借助话题化或左偏置形式凸显话题。本书研究角度是句法层面，研究的对象是句法话题，话题具有句法位置，不涉及同时承担主语和话题功能的话题结构，句法话题范围较窄，属于狭义话题句，笔者所研究的话题结构也就是狭义话题结构，解决句法话题与句子其他部分之间的关系问题，但是研究句法话题并不是不研究句法话题的语义/语用特征。

有些研究人员，如金积令(1991)认为处于话题位置的成分未必都是名词短语，按照语类划分，除了名词短语(NP)，动词短语(VP)、形容词短语(AdjP)、介词短语(PP)、副词短语(AdvP)、分词短语(PP)和分句(S)都可以出现在话题位置，例如：

(5)a. *An utter fool* she made me feel. (NP)

b. *Very strange* it seemed. (AdjP)

c. *Break his bloody neck*, I will. (VP)

d. *He was a wonderful athlete*, I've heard. (S)

e. *Into the stifling smoke* we plunged. (PP)

f. *Defiantly* they have spoken but submissively they will accept my terms. (AdvP)

(金积令，1991：1-2)

可以看出，金积令(1991)等认为英语语序固定为SVOCA(主语＋动词＋宾语＋补语＋状语)，把英语正常语序较晚出现的成分移至句首话题位置都看作话题，其中还包括语序倒装现象，如：

(6)a. *Slowly out of its hanger* rolled the gigantic aircraft.

b. *Not a single book* had he read that month.

(金积令，1991：2)

有些研究人员把英语前置的状语看作话题，如Haiman(1978)把前置条件句在语法和功能上都界定为话题，Schiffrin(1992)把条件句界定为语篇话题，if X, then B中，X既是语法话题，也是功能话题。

以上话题扩大化的观点值得讨论，话题位于附加语位置，但不是所有附加语都是话题，Davison(1984：806)也指出，虽然NP以外的成分类型(如介词短语、副词或整个句子)也可以被认为是话题，但有关话题的最为清晰观察到的、客观界定的语言特征是那些与

NP 相关联的特征。话题是一个说明的对象，是一个实体，所以要排除 VP，AdjP，AdvP，PP；同理，前置状语不表示实体，也不是句法话题，倒装句是英语中另外一种特殊句式，都有倒装标记，如否定词副词、only、so 等表示强调的句首成分；唯一可以扩大为话题的是句子，句子像其他 NP 一样从句中移位到句首，句子发挥宾语的作用，可以作为一个实体对待。另外，作为实体话题，除了指称表达式表示话题，能作话题的还有介词（as for，as to，speaking of，concerning 等）引导的 NP，如：

(7) a. As for *Pamela*, I don't know what to say for *her*.

b. As for *Mr. Williams*, *he* never had the least encouragement from me.

话题在汉语语法中被广泛研究，汉语话题结构相比较英语话题结构要复杂得多，典型汉语话题结构不仅有英语式话题结构，还有汉语式话题结构，分别如下：

(8) a. 老李，我们已经请出来了。 （话题化结构）

b. 老李，我们已经请他出来了。 （左偏置结构）

(9) a. 水果，我喜欢吃香蕉。

b. 那场火，幸亏消防队来得早。

结构主义语言学家 Chao（赵元任，1968）最早把话题引入汉语语法研究当中，指出主语和谓语在汉语句子里的语法意义是话题和述题，而不是动作者和动作。根据 Li 和 Thompson（1981）的语言类型学参数，汉语是话题突出（topic-prominent）的语言。那么汉语话题是如何句法实现的呢？作为话题突出的语言，汉语话题结构是否像日语那样具有专门的话题标记呢？Davison（1984）从句法标记性的角度定义句子话题，句子话题是否标记依赖特定语言条件，英语句子话题具有标记性，汉语特定条件使得话题范围较广，因此英语话题标记性高于汉语话题标记性。汉语在话题突出方面应该介于英语和日语之间，话题结构的标记性也会处于两者之间。汉语句法话题类型多样，关于话题的语法性质，也有很多争论，笔者会专门开辟一章探讨汉语话题结构的界定和类型划分。

1.3 研究内容

话题结构的生成是本书研究的中心内容，关于话题结构的生成研究，即话题是如何在句法上表达的，文献中有生成语法研究、功能研究、认知研究、界面研究等，每种研究都有一定的缺陷，本书在Jackendoff（1997，2002，2007）平行理论框架（Parallel Architecture）下，基于真实语料和内省语料相结合，采取句法—语义—语用界面理论，探讨话题结构生成所受的限制，研究内容主要有以下几个方面：

第一，汉语话题和话题结构的界定。汉语话题的定义纷繁多样，尤其是话题的语法定位争议最多，因此本书首先厘清话题的本质特征，区分话题和主语，确定话题的句法地位。话题结构范围的界定也是汉语语法研究的难题，有些结构是否是话题结构以及话题结构的分类存在许多纷争，因此本书把界定研究对象作为第一要务。

第二，汉语话题结构生成的多维度研究。从20世纪80年代以来，话题结构的生成机制和性质一直是话题研究的中心问题，话题的生成方式和话题合法性的制约条件在理论语言学界存在许多争议，不同语言学流派提出了不同的观点，从不同的角度对话题结构的生成进行多维度研究。本书主要从形式语言学、语义/语用研究、认知研究、功能研究四个研究路径来探讨以往话题研究中存在的问题，为新的研究路径的建立打下基础。

第三，句法—语义—语用界面模型的建立。基于句法、认知语义和语用制约条件的建立，笔者建立了句法—语义—语用界面模型，探讨概念结构作为句法—语义—语用界面的构成因素及其可行性，确定概念结构的构成因素以及各个因素之间的关系。探讨语言加工与语言复杂性的关系，说明在句子可接受性方面语法因素和非语法因素发挥的作用。

第四，话题结构的生成机制。文献中有许多关于话题结构生成的研究，许多语言学流派都参与其中，本书探讨以往话题结构的生成研究中存在的问题与不足，进一步研究“孤岛条件”局域性限制的普遍性问题，解答语法性问题是否可以借助非语法性术语来解释这一问题。在句法—语义—语用界面模型下对话题结构“移位说”和“基础生成说”重新评述，探索汉语话题结构构成所受的句法、语义、语用限制。

第五，话题结构的语言类型学研究。话题结构跨语言句法、语义、语用比较，包括英汉话题结构差异和汉日话题结构差异，解释英、汉、日话题结构中话题提取自由程度差异的原因，通过跨语言话题结构比较，确定汉语话题语法化的程度，更好地理解 Givón(1971：413)所说的“今天的形位变化(morphology)是昨天的句法”，或“今天的句法是昨天的话语”。

1.4 研究目标和意义

本书的研究目标是探讨话题结构的本质，揭示话题结构生成中所受的限制，揭示形式与意义之间的关系，同时希望本书对句法理论、语言加工、语言类型学等有一定的理论和应用价值。具体表现为以下几个方面：

第一，本书有助于探讨句法、语义、语用等语法层面的互动关系。Jackendoff(2007a)平行建构理论框架下的界面研究代表了句法研究的最新动向，相似的理论还包括 Jerrold M. Sadock(2012)的模块建构语法等非转换语法。他们反对 Chomsky 的主流生成语法，认为语法由模块组成，各个模块之间由界面连接，合格的句子应该满足界面条件，各个模块之间应该互相融合。通过句法和非直接关联的语义、语用等结构的界面探索，对自然语言中一些句法理论不能给出满意答案的棘手问题提出了较好的解决方案。

第二，本书有助于探讨长距离依赖关系的局域性本质。长距离依赖关系作为普遍语言现象不仅是语言学家也是心理学家关注的问题，其制约关系规律有助于揭示语言本质和人类认知本质。长距离依赖关系的话题结构研究有助于了解人类的认知方式，对研究心理学、人类生物学、计算科学和人工智能具有重要参考价值，其研究成果还可以用在机器翻译和检索中。

第三，本书有助于探讨话题结构的本质。话题结构是汉语及其他话题突出语言的重要语言现象，话题结构的研究可以揭示孤岛条件限制的适用性及句法、语义、语用在语法研究中的作用，有助于研究其他语言现象，如语序问题及中动结构、存现结构等一些难以解释的结构。

第四，话题结构研究具有语言类型学理论意义。话题结构在不同语言中的地位不同，生成限制也不同，通过探讨英、汉、日话题结构差异的原因，为语言类型学研究提供一个新的研究视角。语言类型学差异有助于语言习得问题的研究，尤其对汉语为母语的学习者学习英语和日语具有重要指导作用。

第2章　汉语话题和话题结构的界定

自从Chao(赵元任,1968)把话题和述题引入汉语语法研究以来,话题一直是汉语语法研究最为广泛的问题之一,话题研究的文献比较丰富,关注较多的问题包括话题的定义、话题的语法地位及话题的功能与句法表达等。汉语话题相对英语话题要复杂得多,所以文献中针对各个问题的分歧也较多。自从《马氏文通》以来,汉语界一直在研究确定汉语句子主语的问题,20世纪50年代掀起了一股主、宾语标准定义大讨论,接着出现了主语和话题关系争辩,汉语界就话题与主语的区别,至今也没有一个清晰的论述。本章在评述前人研究的基础上提出笔者的观点,明确汉语句法话题概念,尤其是话题与主语的区别,并对话题结构进行界定对其类型作进一步划分。

2.1　话题的语法地位

正如普通语言学对话题的多角度研究,汉语界也从不同层面对话题进行界定,研究人员有时未加说明汉语话题是句法概念还是语义概念,因此产生混乱。话题是句法、语义、语用、语篇等的接口,话题研究必须明确其概念。相对英语,汉语话题界定更加复杂,因为语言学家对话题和主语的关系有很多分歧,涉及话题在语法中的地位。

从跨语言的角度看,话题作为语用概念,是普遍语言现象,但话题是否编码为语法,不同语言的语法化程度不同。英语是主语突出的语言,主语具有语用话题的作用,句法话题在句中没有语法地位,话题结构是标记性结构。马建忠(1898/1983)把西方的主—谓框架引入汉语语法之后,有些句首成分就不明身份,就产生了主语、宾语、话题等成分的分析。现在称作"话题"的成分在汉语研究历史上被称为"类启词""外位成分""倒装成分""游离成分""复指成分""主语""话题"等。李金满(2006)还提出了"题语(topject)"说,题语是句法概念,相对于语用概念"话题"。自从 Hockett(1958)首先把汉语句子分成话题和述题以来,汉语话题的语法地位问题更加复杂,话题结构属于常规(canonical word order)还是非常规结构(non-canonical word order),以及话题和主语的区别等问题在汉语界有很大的分歧和混乱,笔者将其大致分为三种观点。

2.1.1 主语—话题等同论

结构主义语言学家 Hockett(1958)从话题和述题(comment)的角度论述汉语句子[①]。他指出,汉语的述题部分由话题和述题两部分组成,话题是说话的起点,而述题是对于这一起点的陈述,汉语句子可以像中国套盒(Chinese-box)那样在主谓式里面包含主谓式。如"我今天城里有事","我"是全句的话题,而"今天"与"城里"则又分别属于不同层面的述题的话题。

Hockell 首先明确关注汉语话题—述题结构。受他的启发,结构主义语言学家 Chao(赵元任,1968)在《中国话的文法》中借用了话题这个语义和语篇概念,并把它引入汉语句法分析当中。他指出,

① Topic-comment 有不同的翻译,常见的有话题—说明、话题—评述、话题—述题等,topic 翻译为话题和主题等,本书采用话题—述题。

西方语言主语和谓语之间的关系往往是动作者和动作的关系，而在汉语句子里，主语和谓语的语法意义是话题和述题，而不是动作者和动作，“动作者—动作”能解释的句子不超过百分之五十，因此采用广义的话题—述题比较合适。赵元任把话题和主语合二为一，凡主语都是话题，谓语前成分一律看成是主语，除了名词短语，介词短语也是主语。也就是说，汉语句子开头可以有一串主语，时间词和处所词都是主语，而后面的谓语则是一个套一个的主谓结构，即中国套盒式谓语结构。

徐烈炯、刘丹青(1998)指出，赵元任关于“汉语主语和谓语的关系就是话题与述题的关系”的说法可以称为最早的汉语主语—话题等同论。笔者认为，作为结构主义语言学家，赵元任的话题是一个结构概念，他真正的主张是汉语只有话题，汉语的主语等同于话题，话题的提出就避免了汉语主语因不同于印欧语言而难以用其标准界定的问题。持相似观点的还有徐通锵(1997)。他认为，“话题—述题”和“主语—谓语”属于不同的句法结构框架，前者适用于语义语法研究，后者适用于形态标记的语形语法研究，汉语是意合语言，印欧语言是形合语言。李英哲等(1990)认为，“话题”和“主语”是对一种事物的两种不同的观察方法，所有语言都可以从任何一个角度进行讨论，汉语没有屈折变化，有时汉语没有可视为主语的名词短语，“有时为了避免关于哪一成分是句子主语的无谓争论，倒不如按照‘话题’(主语内容)和‘陈述’等语义单位来讨论句子更有成效些”(1990：6)。李临定(1985)更为彻底地继承了赵元任的观点，指出汉语主语并不像人们所说的那么重要，进行语法分析时不必过多重视主语。

尽管汉语主语—话题等同论坚持汉语中只有话题，但这些语言学家的讨论总离不开主语概念，所以有时会出现矛盾和混乱，话题仍是个语用概念，如李英哲等(1990)就认为“老王，他的两本书我拿走了”出现“话题”和“主语”两个概念，其中“我”是主语，从这个意义上讲，赵元任等的话题并不具备主语一样的语法地位，并不是结构成分。徐烈炯、刘丹青(1998：3)指出，话题等同于主语的看法，仍然把其他学者心目中的话题和主语并存的句子叫“主谓谓语句”。

LaPolla(罗仁地，1990，1993)是贯彻汉语只有话题思想最为彻底的语言学家，他把 Li 和 Thompson 的汉语话题突出思想推向极端，认为汉语是话题—述题语言，不是话题突出语言，不是 SVO 语言，汉语的主语和宾语没有语法化，不具备语法地位，汉语句子按照信息结构组织，句子中找到的成分只有话题和焦点，句中可以有多个话题。可见，LaPolla 的话题也是语用概念。

总之，主语—话题等同论中的话题是个语义/语用概念，主要目的是确定汉语的主语范畴，把主语的范围大大扩大，避免了界定主语的麻烦，仍然没有脱离印欧语言的主谓框架。认为句首成分都是主语比较牵强，句首名词短语成分多样，王力(1956)认为把句首的名词词组当主语在句子分析中太机械。吕叔湘(1979:545)否定话题的句法地位，主张只有主语，没有话题，如果话题等同于主语，“会不会把一些有用的分别弄模糊了”？胡裕树(1982)认为，赵元任的句子分析法会使主谓谓语句范围扩大，也不可避免地出现主语层层套叠现象，吕叔湘(1979:82)举的例子“这事儿我现在脑子里一点印象也没有了”一句中，出现了“这事儿”“我”“现在”“脑子里”“一点印象”五个大小主语，抹杀了其间的重要区别。刘丹青(2016)用具体实例分析指出，主语—话题等同论在汉语这样话题优先语言里也不成立[①]，因为汉语中存在非话题主语，他总结出七种主语不是话题的情况，如焦点主语和无定主语都不可以充当话题。

---

① Topic-prominent 有时翻译为话题突出，话题凸显，话题优先等，本书采用话题突出的术语翻译。

2.1.2　主语—话题并存论

主语—话题并存论是指话题和主语可以分离，主语和话题并不处处等同，主语和话题区别对待，话题和主语、宾语都是并列存在于句子中的句子成分，在句子结构中起重要作用的是话题而不是主语。

功能语言学派 Li 和 Thompson 是主语—话题并存论的重要代表。Li 和 Thompson(1976，1981)最早从语言类型学的角度把世界语言分为话题突出语言(如汉语、拉祜语、傈僳语)，主语突出语言(如印欧语、尼日尔-刚果语、印尼语)，话题和主语都突出的语言(如日语和韩语)，话题和主语都不突出的语言(如他加禄语)，并最早从语言类型学的角度区别了英、汉两种语言。他们的观点在海外有很大的影响，在我国也广为接受。主语突出的代表语言英语的基本结构关系是主谓关系，在主谓关系中，主语和动词在词汇上具有语义选择关系；而话题突出的代表语言汉语的基本结构关系是话题—述题，话题和述题之间可以有词汇上的语义选择关系，如“张三，我见过”，而类似“那场火，幸亏消防队来得早”的句子就完全没有语义选择关系，该类句子结构无论如何都不能出现在英语中。

Li 和 Thompson 对主语和话题的区别进行了非常细致的描写，然而，他们的论述被认为还存在许多问题，尤其是他们在描写话题的过程中造成了句法和语义/语篇层面的概念混乱。在他们的论述中，汉语话题是一个语篇概念，在句外语篇中可得到更好的解释，英语主语是一个句法概念，在句内得到更好的解释，这样一来，主语和话题就不是同一个平面上的概念。没有外位成分时，或谓语前只有一个 NP 时，主语可以兼当话题，这时的话题是一个语义/语篇概念，也表明话题和主语不是同一个层面的概念，正如杨成凯(2003:67)

所指出的,“同一层次的并列概念哪有兼职的道理”?另一方面,Li和Thompson把话题看作句法概念,与主语和宾语平行,因此,主语和话题是同一层面的两个不同概念。“主语—话题”语言类型参数表明话题是一个句法概念,否则话题突出和主语突出的二分法语言类型学参数则变得毫无意义,语言类型的差别不能建立在两个不同的语言纬度上。朱德熙(1985)坚持话题和主语处于不同的层面,因此认为Li和Thompson的“主语—话题”语言类型做法原则上是错误的,语义平面上的概念施事和受事跟结构平面上的概念主语糅在一起,混淆了结构和语义这两个不同的平面。

高秀雪(2011:7)认为,“话题可以在不同的层面进行研究,一旦确定层面,就要坚持到底,不能把两个层面的东西各取一部分,然后混在一起比较”。如果坚持话题是语义概念,那么英语主语也具备语义特征,通常英语话题也是主语,述题也是谓语,在“John ran away”中就是这样的,John既是主语,也是话题,共有的语义特点不足以构成区别语言类型的基础,而是表现出语言的共性,英语主语发挥话题的语用功能,那么汉语话题语义概念发挥什么句法作用吗?这样一来,英、汉语仍然没有区别开来,还必须套用西方语言的语法来描写汉语句子,话题语义概念的特别强调就变得没有意义。因此,Li和Thompson的语言类型参数成立的前提是话题作为一个句法概念。

O. Her(1991)和C. Huang(黄居仁,1989)在词汇—功能语法框架下,认为话题是平行于主语和宾语的汉语语法功能,形式语言学派徐烈炯和刘丹青(1998)也是主语—话题并存论的代表,话题结构同样是汉语的显赫范畴(刘丹青,2012)。他们认为话题处于结构和功能的交汇点,因此具有两种含义:一是话题是具有特定话语功能的话语成分,具有普遍性,适用于各种语言当中;二是句法成分的话题存在于话题优先型和主语—话题并重型语言中,话题和主语都是处于句法平面且相互独立的不同的句法成分，话题是占据句首位置的、结构上独立的句法成分，同主语、谓语、宾语等并列。话题优先的语言中有四个基本成分：V、S、O、T，汉语不是 SVO 语言，而是 TSVO 语言，话题的语法化程度高于主语。

有人对徐烈炯和刘丹青的汉语语序新提法提出质疑，如高顺全（1999）指出，徐烈炯和刘丹青的话题是句法成分的观点基于话题的高度语法化，但是高度语法化只能推导出话题是语法成分，而语法成分未必是句法成分，汉语话题是话语功能的语法化，而主语是语义角色的语法化。高顺全还指出，TSVO 语序的好处是解决了汉语动词前受事是否前置宾语的问题，但产生的问题更多，如从理论上说，四个成分的排列比三个成分的排列更复杂，TSVO 中的 T 可能是受事，O 的宾语地位就没有了。徐杰（2001）也指出，话题是带有语法效应的语用概念，虽然可以进入形式句法结构，但不能跟主语、谓语、宾语等真正的句法成分并列，也就是，话题不是一个独立的句法成分。

2.1.3　主语—话题平行说

主语—话题平行说在汉语话题研究中接受程度最高，这与普通语言学中的话题多层面的观点具有一致性。所谓主语—话题平行说是指主语和话题处于语言不同层面，性质不同，二者为平行关系。关于话题和主语所属的语言层面，汉语界有不同的看法。

汤廷池（1979）较早提出汉语中的主语和话题是完全不同的两个语法成分，虽然可以同时存在于汉语句子中，但是并不属于同一个平面。话题是属于语用平面，主语是属于句法平面。

Tsao（曹逢甫，1977）发展了 Li 和 Thompson（1976）的观点，进一步区分主题（即话题）和主语，坚持话题是话语平面的概念，不是句法概念。Tsao 对 Li 和 Thompson 语言类型划分方法提出质疑，因为它没有把句法层面的话题和语用层面的话题区分开来。他认为，用两个不同范畴的概念当作类型学标准会导致不正确的结论，并提出了话语型语言（discourse-oriented language）和句子型语言（sentence-oriented language）这一对概念。

朱德熙（1985）把 Li 和 Thompson（1976）的话题界定为结构平面上的主语，而主语和宾语是语义平面上的施事和受事。朱德熙认为，如果混淆了结构和语义这两个不同平面的概念，把语义平面上的施事和受事（主语和宾语）跟结构平面上的概念主语（话题）一律作为句子成分看待，从原则上说是错误的，他反对用话题来给主语下定义。沈家煊（1999：235）认为，"语法分析不应把不同层次的概念混为一谈，话题是语用或篇章的概念，主语是句法概念，在分析句子时不应将话题和主语放在同一个层面上"。持相同观点的还有陆俭明（1986）、陈平（1996）等，他们认为主语是句法学概念，而话题是语用学概念。

胡裕树、范晓（1985）提出了三个平面语法观。三个平面是指汉语语法分析分为句法分析、语义分析和语用分析，三个平面界限分明，又相互兼顾。许多语言学家倾向于区分句法、语义和语用三个平面，三个平面的理论主张区分语法和句法，把话题（主题）、主语都看作语法成分，但主语属于句法平面，话题属于语用（话语）平面。

主语—话题平行说的优点是能对各种语言的话题作统一解释，但是这种分析不能区分话题突出语言和主语突出语言，汉语就和其他语言一样了，既然汉语是话题突出的语言，有其独特的话题标记，在句法上应该有一定的地位。当然我们不能否认话题的语用功能。

关于主语和话题关系的三个学说，列表 2-1 总结如下：

表 2-1　　关于话题语法地位的观点

学说	代表	主要观点
主语—话题等同论	Chao(1968),徐通锵(1997),李英哲等(1990),李临定(1985),LaPolla (1990, 1993)	(1)汉语只有话题,汉语的主语等同于话题。 (2)避免了汉语主语因不同于印欧语言而难以用其标准界定的问题。 (3)话题仍是个语用概念。
主语—话题并存论	Li &Thompson (1976, 1981), O. Her (1991), C. Huang (1989),徐烈炯、刘丹青(1998)	(1)话题是占据句首位置的、结构上独立的句法成分,同主语、谓语、宾语等并列。 (2)汉语是 TSVO 语言,话题的语法化程度高于主语。
主语—话题平行论	汤廷池(1979),Tsao (1977),陆俭明(1986),陈平(1996),胡裕树、范晓(1985)	话题属于语用平面,主语属于句法平面。

2.1.4　本书观点

笔者赞同主语—话题并存论,因为话题有自己的话题标记,所谓主语和话题并存并不是相等,主语和话题并存是指二者都有语法化位置,话题同主语一样具有自己独有的句法位置,不是其他成分临时处于句法位置,话题结构是非标记结构。但是汉语话题语法化的程度是否达到与汉语主语同等的地位还有待研究,对于有些句子的主语可以在特定语境中分析为话题。袁毓林(2003:248)指出,北京口语中的话题和话题结构语法化程度无法与日语、韩语等话题必须有标记的语言相比,北京口语中的话题正处于语法化过程当中,尚未彻底完成,因此某些成分具有话题和主语或宾语这种两重性。把话题看作与主语、宾语相提并论的句法成分还缺少事实依据,与说话人的语感相悖,暂时可以把话题看作话语或语用平面上的概念。

耿冰(2008)也承认话题的语法化地位,认为话题是独立的句法成分,但由于话题与主语经常重叠,话题和主语难以分开;话题与主语、谓语、宾语句法地位不一样,话题逐渐语法化为句子主语,汉语话题正如 Chafe(1976)所说,是"成熟前的主语",而英语话题是真正的话题。而刘丹青(2016)则认为,话题比主语语法化程度高,这是把汉语归结为话题突出语言的依据。

笔者认为,汉语作为话题突出的语言是相对于英语主语突出的语言,汉语话题语法化是否高于主语还不能成为定论,因为书面语中话题句非常少见,只有在口语中话题句较多,从这个意义上来讲,主语的语法化程度高于话题。我们暂且不讨论话题与句子其他成分之间是否存在平等语法关系,或语法化的程度是否一样,承认话题的句法地位就为探讨话题与其他成分之间的句法、语义关系奠定了基础,本书的主要研究目标就是探讨话题化的句法、语义、语用限制。

2.2 话题的辨识

从话题语法地位之争可以看出,主语—话题并存论的研究者认为话题位于主语之前,拥有独立的句法位置。Xu 和 Langendoen(1985)首次从形式上对话题结构进行了定义,把话题安置在句子前专门的话题位置(TOP),表现为:S'—> TOP S,话题(X)和小句中某个位置(Y)之间可能存在的关系:

(1)在结构式[$_{S'}$ X [$_{S}$ …Y …]]中，X 是个主要句法成分而 Y 有可能是个空虚成分(empty category)，而且 X 和 Y 有着密切关系。

Shi(1992)，Gasde 和 Paul(1996)，徐烈炯、刘丹青(1998)分别进一步提出汉语话题结构的 X' 结构，尽管这三种研究有一些差别，但共同点是认为汉语句子为 TP(T 代表时态)，话题位于时态短语(TP)之内、屈折短语(IP)之外，也就是说话题位于 TP 的标志语(specifier)位置。徐烈炯、刘丹青(1998:34)的话题结构树形图表现为(图 2-1)：

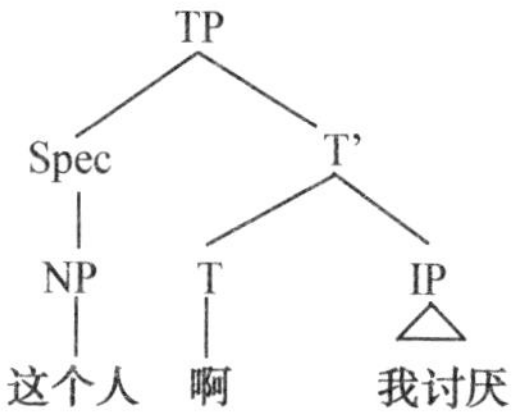

图 2-1　话题作为 TP 的标志语

K. Li(2009)在 Rizzi(1997)的基础上提出 TopP(Top 代表 topic)功能投射，话题位于[Spec，TopP]位置，话题标记处于 Top^0 位置，话题结构的树形图表现为(图 2-2)：

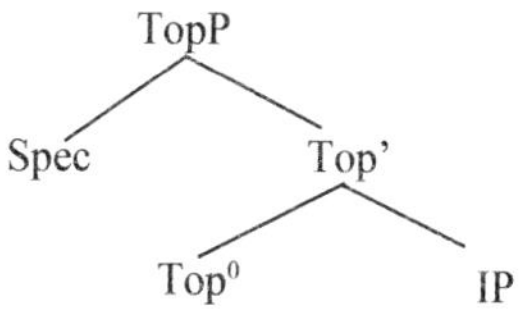

图 2-2　汉语 TopP 结构

以上两种话题结构的树形图虽然名称不同，实质上一样的，即汉语话题位于句子以外的 TOP 位置，英语话题位于句外相对应的 COMP 位置(或[Spec，CP]位置)，主语处于 IP 内。从形式上看，主语和话题一目了然，但是由于汉语语法没有屈折变化，名词性成分没有相应的格位标记，使得置于句首位的名词短语的语法特征无法区分，汉语话题和主语区分存在很多困难，另外，汉语作为话题突出的语言，其话题的语法编码要比英语复杂得多。

2.2.1 话题辨识中的疑问

关于话题与主语的区别，文献中有很多讨论。Li 和 Thompson (1976)总结了话题和主语的区别，指出了七种区分话题和主语的标准，这些标准隐含了三个因素：语篇策略、名词—动词关系和语法过程。话题是语篇概念，在语篇中或句外理解；主语为句内概念，从句子结构中的发挥的语法和语义功能进行理解。主语和话题的区别具体如下：

(2) a. 有定性(definiteness)：话题具有有定性，而主语不需要一定是有定性；

b. 语义选择关系(selectional relation)：话题与句中的动词不需要一定有语义选择关系，而主语一定要与动词有语义选择关系；

c. 动词决定主语而不是话题；

d. 功能角色：话题为述谓设置空间、时间或个人框架，话题不必是动词的论元，而主语总是动词的论元，是参与动词所表示的动作、经验、状态等的实体(entity)；

e. 动词一致性(verb-agreement)：话题独立于动词，而主语必须与动词一致；

f. 句首位置(sentence-initial position)：话题处于句首位置，而主语不局限于句首；

g. 语法过程(grammatical process)：主语能够参与反身代

词化、被动化、等同名词短语删除、动词连续化和祈使句化，而话题则不可以参与这些过程。

Tsao(1977)在Li和Thompson(1976)话题和主语区别特征的基础上，确定了话题的六个特征，如(3)所示：

(3)a. 话题总是占据话题链中第一个句子的句首位置；

b. 话题同句子的其他成分之间可以由啊、呢、么、吧这四个语气助词之一隔开；

c. 话题总是定指的；

d. 话题是个话语概念，通常会将其语义范畴扩展到多个句子；

e. 话题控制话题链中同指名词的删除或是代词化；

f. 除非话题同时也是句子的主语，不然话题与被动转换、反身代词转换、使令式转换等句法过程无关。

浩瀚的话题研究文献中涉及了多种定义特征，徐烈炯、刘丹青(1998:28-32)从语义、句法、话语功能三个方面也对这些话题特征作了详细的概述：

(4)**语义方面**

a. 话题与述题之间具有“关于”特征；

b. 话题与句子主要VP或非主要VP之间是论元关系或嵌入关系，还可以是时间、地点等句子内容的环境要素。

句法方面

a. 位于句首；

b. 前置位于述题之前；

c. 可省略；

d. 题后可停顿；

e. 话题标记；

f. 由句子成分提升而来的话题可以在句子中原位出现

复指成分；

g. 不能是自然重音的所在处；

h. 若干句子，甚至整个段落，可以共用一个话题。

话语功能方面

a. 话题必须是有定成分，不能是无定或类指成分；

b. 话题是已知信息；

c. 话题须是听说双方共享的信息；

d. 话题是已被激活的信息；

e. 话题是说话人有意引导听话方注意的中心；

f. 话题与焦点相对，因此不能是焦点。

石毓智(2001:85-86)强调了焦点在区别主语和话题时的作用，总结了话题与主语的辨别特征，包括形式特征和语义特征两个方面：

(5)**话题形式特征**

a. 话题化的结构不能进入从句；

b. 话题化的成分不能被焦点标记“是”标识；

c. 话题化的成分不能用疑问代词提问；

d. 话题成分通常居于句首。

话题语义特征

a. 话题代表的是已知信息；

b. 话题指示的是有定的事物。

主语形式特征

a. 主语可以用于从句和句子两个层面；

b. 主语可以被焦点化；

c. 主语可以用疑问代词提问。

主语语义特征

a. 行为动作的施事；

b. 性质、状态的主体。

文献中还有很多区别话题和主语的总结，无外乎从句法、语义、语用、语篇等几个方面展开。但这些区别描写只是一个话题和主语典型性特征的描写，很多特征都有一些例外情况出现，话题识别中还有许多疑问，话题和主语之间存在交叠现象，为了界定本书的研究对象，必须重新考虑这些问题。例如：

第一，谓语动词之前只有一个 NP 时，该 NP 是话题还是主语？从主语和话题典型特征看，NP 应该是主语，但是 James Huang (1982)提出汉语是 pro 脱落语言，主语脱落，NP 也可以是话题，如汉语受事句“桌子擦干净了”是话题句还是主谓句？

第二，动词决定主语，主语一定要与动词有语义选择关系，话题不一定与动词有语义选择关系，但是语义选择关系如何界定呢？如存现宾语句“台上坐着主席团”句首地点 NP 是话题还是主语？

第三，双名词结构通常第一个 NP 是话题，第二个 NP 是主语，如“这个人我见过”，但是有些双名词结构句首 NP 的语法地位引起争议，如双重主语结构“他肚子饿”中“他”是主语还是话题？“我酒不喝了”中“我”和“酒”分别发挥什么作用？话题作为谈论的对象，句子中可以有多个话题吗？

第四，有哪些语类可以充当话题？英语中时间和地点状语不认为是话题，汉语的时间和地点 NP 可以是话题吗？

第五，谓语动词前的唯一句首 NP 具有歧义性，徐烈炯、刘丹青(1998)称之为“句法歧义句”，在一定条件下主语可以作话题，如“小张(啊，)不来了”，添加一些话题标记后，话题就无法区别于主语，有没有只能作主语的情况？也就是说不具备话题的特征？

2.2.2　话题的形式特征

话题的形式是区别话题和主语的最显著特征，包括话题语类、话题标记、话题位置和话题数量等几个方面：

第一，话题语类范畴是语言学界有争议的地方，Xu 和 Langendoen(1985：5)提出六种主要语类都可以出现在话题位置：NP(名词短语，其中包括数量词短语)，S，S'，VP，PrepP(前置介词短语)，PostP(后置介词短语)，如下：

(6)a. 这些话我不相信。 (NP)

b. 他会说这些话我不相信。 (S)

c. 这些话他会说我不相信。 (S')

d. 在桌子上他放了几本书。 (PrepP)

e. 桌子上有书，床上不会有书。 (PostP)

f. 说这些话我不赞成。 (VP)

Tsao(曹逢甫，1990)也持相同的观点，不仅谓词的成分，包括主语、宾语，甚至附加语，包括时间副词、处所副词、"范围—限定"副词，都可以作为话题。英语中我们把 NP 和 as for 引导的 NP 作为话题，排除了附加语和倒装语序，关于汉语 NP 以外的其他成分能不能作话题，讨论的并不多，但的确有不同的声音。袁毓林(2003)提出，徐烈炯和刘丹青(1998:72)中的小句从话语功能上看是话题，但从句法关系上看，前后两个句子之间关系比较松散，不能构成话题结构，也就是说如果把话题定作话语或语用概念，(7)中两个小句之间的关系是话题和述题的关系，就显得比较自然。

(7)a. 小张骗老婆，我不相信。

b. 小张骗老婆，我不相信这件事。

c. 小张骗老婆，我不相信他会这么做。

d. 小张会骗人么，我想他只好骗骗老婆。

e. 小张会骗人，幸亏同事们早有警惕。

笔者认为，以上两个分句之间关系并不松散，第一个小句或是第二个小句的动词的宾语，或与第二个小句的宾语有同指关系，或与第二个小句之间呈上下义关系，而且在第一个小句后可以有话题标记，符合典型话题句的特征。这些分句不同于条件分句，而是表示一个事件，如同 NP 表示实体一样。汉语 VP 名物化，同样也表示事件，如(8)：

(8)a. 去做人生的学徒，这又让我想起很早以前看过的卓别林主演的一部电影——《舞台生涯》。

b. 喝葡萄酒，使用的是舌头与鼻子，虚华的诗人却用了眼睛、耳朵和手。

争议较大的是时间和地点名词短语的语法地位问题，汉语的时间地点名词短语可以不依赖介词而直接出现在句首，一般看作状语，如吕叔湘(1987)，但也常常被认为是话题，如前面提到的 Xu 和 Langendoen(1985)，Tsao(1990)，还有 Chao(1968)，徐烈炯和刘丹青(1998，2007)等。

徐烈炯和刘丹青(1998，2007)认为，时间地点 NP 话题与述题的关系比较松散，主要是关于话语的范围或框架，称作“语域类话题”，除了时地语域式话题，还有领格语式话题、上位语域式话题、背景语域式话题。时间和地点名词短语放句首一般不需要介词引导，句子可以对时间和地点进行述题，因此可以作话题，时间、地点 NP 话题句其句首 NP 与句子成分有相应的复指成分或上下义关系，如(9)：

(9)a. 去年夏天，他那时在海滨度假。

b. 火车上，乘客可以在餐车里用餐。

(徐烈炯、刘丹青，2007：60)

如果把所有时间地点 NP 作为话题，就必须重新定义“有关性”，时地语域式话题为述题提供环境说明。石定栩(1998：44)也指出，将所有的句首时间地点名词词组都看成话题，会带来不少问题，如(10)，话题应该是话语中提到的事物。时间 NP 显然不是定指，根据我们的语感，这句话不是对“早上”的评述，而是对关于“一条冻僵了的蛇”的事件描述。

(10)一个寒冷的冬天早上,农夫在路上看见了一条冻僵了的蛇。

笔者认为,如果话题判断的标准是“有关性”,那么并不是所有时间和地点 NP 都可以作话题,状语的位置比较灵活,完全有可能放置在主语之前,状语本身就是事件发生的框架,是否作话题还得根据语义判断;如果强调时间地点环境格,就是话题;如果强调后面的事件,就是状语。因此,时间地点 NP 处于主语和谓语之间作状语;处于句首具有两种可能,或者是话题,或者是状语;由介词引导的时间地点 NP 只能作状语。笔者认为,前面(6d)不是话题句,而方位词相当于名词,所以(6e)是话题句。除了“有关性”语义判断以外,话题标记有助于 NP 话题性判断,如(11)所示。如果句首 NP 后面不能插入话题标记,一般就只能是主语。

(11)a. 明天呢,我们去北京。

b. 北京吧,我工作过五年。

第二,话题标记的类型及作用。尽管汉语不像日语和韩语那样一定有语法化的话题标记,但汉语话题标记也呈现出多样性,包括提顿词啊、嘛、呢、吧、呀、的话,还包括停顿,比较常见于口语当中。书面语用得较多的是“至于”和“关于”,这与英语的 as for 和 as to 一致,如(12)所示。话题标记对于区分话题和主语发挥重要作用,尤其是谓语前只有一个 NP 时,该 NP 中性语境下作主语,有了话题标记就成为话题,如(13)所示。

(12)a. 关于孔子的仁,有各种不同的见解。

b. 至于房子,我们会有的。

(13)a. 距离嘛,让我们有想象空间。

b. 中年人吧,上有老,下有小,是最难的。

c. 当地的藏族呢,愿意跟北京人结婚。

d. 小珠儿啊,她是我的心。

e. 家长微信群,我是能不进就不进。

第三,话题的数量和位置。当谓语前有两个 NP,句首 NP 为话题,第二个 NP 为主语,经常被称为“主谓谓语句”或“双重主语句”,主语与动词有语义选择关系,典型主语语义角色是施事,也包括感事、系事等,如(14)所示:

(14)a. 这种事他干得出来。

b. 这个结果他已经估计到了。

c. 这群小燕子,它们都知道春夏秋冬。

d. 那个人,我认识。

谓语前有时不止两个 NP,最为常见的是双 NP 句,但也有三个或四个 NP 句,三个 NP 情况稀少,四个 NP 更为少见。对于多重 NP 的语法地位,一派观点否定汉语具有多重话题,一派则认为语言事实不能轻易否定多重话题。笔者认为,多重话题存在是可能的,尽管有多个话题会增加大脑负担,但人们说话时想到什么就随口说出,也符合语言加工的规律,越靠前 NP 的话题越具有概括性,前面的话题为后面的话题提供范围,因此话题的排序经常是不能随意的,如(15)。雷莉(2002)提出了多话题的排序一般遵循情景—主旨—论元话题的序次。情景话题表示事件发生的时间、地点、环境等,为事件信息布置场景;主旨话题是整个事件信息(语句、语链和语篇)叙述的中心;论元话题与述题中的动词有很强的选择关系。

(15)a. 这件事,老张的处理办法,我有意见。

(袁毓林,1995:250)

b. 这篇文章,我的意见,最后一段,你最好补充点材料。

(袁毓林,1995:250)

c. 早餐,面包,他只吃一片。　(徐烈炯、刘丹青,1998:63)

d. 老王,三个女儿,最小的钱最多。

(徐烈炯、刘丹青,1998:39)

多话题之间的句法关系有两种处理办法，一种是不同话题处于不同的标志语位置，也就是上下级关系，后面的话题与述题构成大的述题对前面的话题进行评述；另外一种是把话题处理成并列关系，处于一个标志语下。第一种处理方法较多，如 Hocket 的汉语套盒观点，徐烈炯和刘丹青(1998,2007)的 TP 循环观点。笔者也赞同第一种处理方法，不同的话题处于不同的层次，下层有自己的意义，下层是上层的意义组成部分。

有争议的问题是如(16)中的双重主语句，潘国良(1989)认为句首 NP 是话题，第二个 NP 为主语；Xu 和 Langendoen(1985)、Tang(1990)等认为它们是双重话题句；徐烈炯和刘丹青(1998)则论证了主话题(main topic)和次话题(sub-topic)的区别，把 IP 前的 NP 称为主话题，是整个话题结构的话题，而 IP 内的 NP 称为次话题，是谓语的话题，句首 NP 是主语，第二个 NP 是次话题；Paul(2002)把主语后前置宾语称作内话题(internal topic)，相对于主语前的外话题(external topic)；也有人否定次话题的存在，Shyu(2001)认为句内前置宾语不是次话题，而是焦点。

(16)a. 他一句话也不说。

b. 我烈性酒从来不喝。

以上几种观点，把前置宾语作主语的观点最不可接受，双重话题的观点接受性也比较差，因为主语的原型是施事，宾语的原型是受事，(16)中的句首 NP 符合典型的主语特征，而第二个 NP 符合典型宾语特征。最大的分歧是前置宾语是话题还是焦点，无论是话题论还是焦点论，都是拿第二 NP 的特征与典型焦点如“连……都/也”“是……的”等的特征是否一致、能否替换来做文章：话题论者提出句内宾语不能与焦点结构互换，或者句内宾语和焦点并存的例子来证明该宾语为话题，如(17)；而焦点论提出句内宾语与焦点结构互换的例子证明该宾语就是焦点，如(18)：

(17)a. 李四他英语连60分也没拿到。　(Paul，2005：60)

b. ＊我们是故宫去过了。　(Paul，2002：702)

(18)a. 张三(连)一本书也没看完。

b. 我(是)作业写完了，报告没写完。

鉴于话题论和焦点论都存在反例，该NP可以是话题、焦点或话题焦点。笔者更倾向于焦点说。袁毓林(2003)的主话题和次话题之分符合我们的语感，但也质疑徐烈炯和刘丹青(1998)设立次话题的理由，认为如果把主语当作句法概念，话题当作语用概念，就可以避免相关句法成分的模糊性和不确定性。如果我们把话题界定为句法成分，句子语序为TSVO，那么次话题也是必要句法成分，语序就变成STV，而语言中的基本语序只能有一个；另外，次话题发挥的语义功能与主话题有显著区别，如主话题与述题之间的关系是"有关"，而次话题发挥强调的作用，有时发挥对比的作用，VP并没有对次话题进行评述。

焦点是一个话语功能概念，是说话人最想让听话人注意的部分，即信息量最高的部分，相对于背景，焦点发挥信息突出功能，同时也发挥对比功能，这与动词前的NP发挥的作用一致。宾语前置经常采用"都""也"、否定来凸显信息，当没有凸显信息时就要对比，否则就不容易接受，如(19)。宾语前置的动因是语用的临时需求，是焦点表达的方式之一，正如句首话题可以多个，焦点也可以多个，所以前置宾语和焦点"连……都/也"同时出现是可行的，另外前置宾语焦点与有语法标记的焦点不同，不能因为不能互换就否定前置宾语焦点的存在。

(19)a. 他火车没赶上。

b. 小明功课都写完了。

c. 张三(连)一本书也没看完。

d. 张三鱼吃了，饭没吃。

2.2.3 双 NP 句的话题与主语

话题形式特征并不能总是把话题和主语区分开来，我们上一节讨论的话题主要涉及与述题有结构关系的话题，即该类话题可以看作述题的谓语论元或具有复指成分，但是当话题不与述题一个位置相联系，或者说不跟述语中的动词有任何选择性关系时，区分话题和主语就产生分歧。石定栩(1998)列举出六类句首 NP，文献中常常称作“汉语式话题”或者是“悬垂话题”(dangling topic)，石定栩不承认悬垂话题的存在，认为其中有些只是普通话题，如(20a, b)，有些不是话题而是主语，如(20c, d, e, f)：

(20)a. 那回大火，幸亏消防队来得快。

b. 他肚子饿。

c. 他们你看我，我看你。

d. 那种豆子一斤三十块钱。

e. 生物伦理学我是门外汉。

f. 物价纽约最贵。

根据石定栩(1998)的观点，第一类句首 NP 是话题，但不是汉语式话题，“幸亏”通常与另一个关联副词连用，形成“幸亏……才”或者“幸亏……不然”之类的对子，作用是说明状语从句和主句之间的关系，例(20a)根据语境可以补充，如“幸亏消防队来得快，那场火才没造成损失”，所以句首 NP 有相联系的位置。同样道理，“他肚子饿”作为文献中所说的双重主语句，句首 NP 与第二个 NP 之间是隶属关系，相当于“他的肚子饿”，“他”与“肚子”之间有结构关系，所以是话题，但不是汉语式话题，作为话题没有特别之处。

石定栩(1998)也承认第五类句子是话题句，但不是汉语式话题句，虽然其动词的基本论元齐全，句子结构完整，句首名词词组似乎跟动词没有关系，但可以看作是附加语，起着谓语修饰语的作用，这样就与动词具有了某种关系，相当于省略了介词的附加语作话题。这类句子分布广，类型丰富，除了(20e)，石定栩还列出以下例子：

(21)a. 这件事情你不能光麻烦一个人。

b. 黄色的土地大粪最合适。

句法位置是石定栩判断话题的标准，Huang 和 Ting(2006)也赞同石定栩的观点，反对汉语悬垂话题的语义允准。Pan 和 Hu(2008)不同意石定栩的观点，认为判断话题的标准不仅包括句法位置，还包括语义因素，即满足"有关性"的语义特征，如表 2-2 所示。Huang 和 Ting(2006)把第一类全部看作状语，石定栩(1998)只是把去掉"幸亏"的看作状语，我们前面讨论过时间和地点状语可以作框架话题，因此，第一类、第二类和第五类句首 NP 不管是普通话题还是汉语式话题都是话题，区分主语和话题没有问题，争议较大的是其他各类句首 NP 的句法地位，石定栩都认为它们是主语，Pan 和 Hu(2008)认为(20)中所有句子都是悬垂话题句。三种观点列表如下：

表 2-2　　六类句首 NP 的语法地位

	六类句首 NP	石定栩(1998)	Huang &Ting (2006)	Pan &Hu (2008)
1	那回大火，幸亏消防队来得快。	普通话题	状语	悬垂话题
	那回大火消防队来得快。	状语	状语	悬垂话题
2	他肚子饿。	普通话题	没有讨论	没有讨论
	他们谁都不来。	主语	主语	悬垂话题
3	他们你看我，我看你。	主语	主语	悬垂话题
	他们大鱼吃小鱼。	主语	主语	悬垂话题

续表

	六类句首 NP	石定栩(1998)	Huang & Ting (2006)	Pan & Hu (2008)
4	那种豆子一斤三十块钱。	主语	主语	悬垂话题
5	生物伦理学我是门外汉。	介词短语话题	介词短语话题	悬垂话题
	这件事情你不能光麻烦一个人。	介词短语话题	普通话题	悬垂话题
	黄色的土地大粪最合适。	介词短语话题	介词短语话题	悬垂话题
6	物价纽约最贵。	主语	主语	悬垂话题

石定栩(1998)、Pan 和 Hu(2008)的两派观点针锋相对,为了证明句首 NP 是主语,石定栩(1998)认为第二个 NP 起着其他句法作用,另外还采用专门用于主语之后的情态动词或副词测试来证明第二个 NP 不是主语;而为了证明句首 NP 是话题,Pan 和 Hu(2008)一一驳斥了石定栩的观点,认为其第二个 NP 发挥主语以外句法作用的论证有问题,而且情态动词或副词测试主语有例外,两个 NP 之间是集合和成员之间的关系。具体争论如下:

对于传统语法所谓的双重主语句或主谓谓语句"他们谁都不来"中。石定栩认为,"他们"是主语,"谁"是全称量词(universal quantifiers),相当于副词"全"或量词"一个"充当状语,表示"任何人",情态动词"可以"不能出现在主语之前,但能出现在"谁"之前,如"他们可以谁都不来",因此"谁"不能是主语。Pan 和 Hu(2008)认为,把"谁"处理成副词或量词是有问题的,"他们,谁会来"中"谁"表示"哪一个人",不能作量词状语,而是主语,"他们"和"谁"之间是集合和成员之间的关系,同时,情态动词测试手段并不牢靠,有时

“可以”出现在主语之前，如“这碗米饭，可以两个人吃”。Huang 和 Ting(2006)支持石定栩(1998)的观点，认为 Pan 和 Hu(2002,2008)的反驳理由不成立，如“他什么都很优秀”中的“他”和“什么”不是一类事物，应该不是整体和部分之间的关系。

石定栩(1998)认为，第三类句子“你看我，我看你”为成语性结构，不是其字面意思即“互相看”，相当于“他们在竞争时大鱼吃小鱼”句中“大鱼吃小鱼”这样的成语结构，且该结构也能通过“专门”等副词的主语测试，如“他们在竞争时专门大鱼吃小鱼”。但 Pan 和 Hu(2008)则认为这不是成语性结构，因为有些句子评述中包含多个分句结构，不能概括为成语，如“他们，你指责我不对，我抱怨你不好，你不服我，我也不服你”，而且“专门”能用在主语之前，如“他们俩，专门小王来了，小李再来”。Huang 和 Ting(2006)首先指出 Pan 和 Hu(2002, 2008)句首 NP“他们”和第二个 NP“大鱼”不是整体和部分关系；其次，成语性结构前的体标记支持了该结构的谓语地位，如“他们一直在大鱼吃小鱼”。

石定栩(1998)认为，第四类句首 NP 前可以由“是”强调，如“是这种豆子一斤三十块钱”，根据 Teng(1979)，J. Huang(1991)，Shi(1994)，一般表强调的“是”不能出现在话题之前，“是这种豆子我买了”不可接受，所以第四类句首 NP 只能是主语，另外副词分布也证明这一点，“才”和“就”之类的副词只能修饰谓语而不能修饰整句，“这种豆子才一斤三十块钱”的可接受性表明“一斤三十块钱”是谓语。Pan 和 Hu(2008)反驳的理由是，如果“这种豆子一斤三十块钱”是主谓结构，为什么同样结构“ * 一种豆子一斤三十块钱”就不可接受，从而说明“那种豆子”是话题，话题是有定 NP。强调“是”测试也不可靠，因为“是”也可以出现在话题前，如“是这种豆子我没买”。Huang 和 Ting(2006)认为，主语倾向于有定，只有在一定语境下才可以无定，如“一只青蛙四条腿”，“一种豆子”本身不能满足作主语的条件,“＊一种豆子一斤三十块钱”不成立,不能因此否认该位置就不是主语位置。此类句子有时也不符合 Pan 和 Hu(2002,2008)悬垂话题与主语之间的集合和成员关系,如“一辆车一天三千”。

第六类的争议在于对“纽约”的解读。石定栩(1998)认为,最贵的东西是“物价”,“纽约”是物价最贵这种情况发生的地方,是地点状语,“物价”自然就是主语。这个结论还依赖状语的位置,一般处于主语和谓语之间的状语而言,“一定”也可以出现在“物价”和“纽约”之间,如“物价一定纽约最贵”。而 Pan 和 Hu(2008)则认为,“纽约”是“纽约的物价”的省略,是“物价”这个集合的一部分。Huang 和 Ting(2006)则认为 Pan 和 Hu(2002,2008)的集合和成员关系无法解释平行结构“妈妈,张三最亲切”不能接受。

笔者认为,两派的论证都具有说服力,双方都针对对方的观点提出一些反例。以上争论的例子都是文献中所说的双重主语句或主谓谓语句,现在关键之处就在于它们是否是真正的主谓谓语句。石定栩(1998)否认第二个 NP 是谓语句 S 的主语,认为该 NP 是量词、成语性结构或状语,句首 NP 是主语;而 Pan 和 Hu(2008)则认为这些句子是真正的双重主语句,句首 NP 作话题。

总体来说,笔者赞同 Pan 和 Hu(2008)的观点,但还有进一步说明的地方。第二类双重主语句分为两个小类,一个是两个 NP 之间可以添加“的”,前者是后者的所有者;而第二个小类则不可在两个 NP 之间添加“的”,不是领属关系。然而第一个小类也不是不可进一步划分,如:

(22)a. 他头疼。

b. 他口渴了。

c. 他肚子圆了。

d. 他女儿漂亮。

(22a, b)第二个 NP 与谓语之间关系比较紧密,类似的还有“肚子饿”“脾气坏”“腰酸”“胆小”“记性好”，而(22c，d)第二个NP与谓语之间的关系比较松，无法预测主谓之间的关系。关系比较近的一类其主语之后可以跟上副词，Tsao(1990)认为这时的句子就变成了单主语，第二个“NP＋谓语”已经词汇化了，表示特征。虽然词汇化了，但该词汇可以进一步分析，所以(22a，b)就成为歧义句，或为主语句，如(23a，b)，或为话题句，如(23a'，b')。一般用于谓语之前的副词可以出现在两个位置，第一个NP后或第二个NP后。

(23)a. 他又头疼了。

a'. 他头又疼了。

b. 他很口渴。

b'. 他口很渴。

(22c，d)第二个“NP＋谓语”不能词汇化，只能进一步分析，为真正的双重主语句，如(24)中所有例子副词不能出现在第一个NP后：

(24)a. *他很肚子饿。　(Teng，1974：463)

b. *他很记性好。　(Teng，1974：463)

c. *他很肚子圆了。

d. *李太太非常女儿漂亮。　(石定栩，1998:53)

但是并不是所有副词都不能出现在第一个NP之后，吕叔湘(1987:68-69)列举出副词把NP1和NP2分开的情况，所以说副词测试话题的手段并不成立，如：

(25)a. 一个巡线兵必须眼尖，耳灵，手勤。

b. 你真有点儿记性坏。

c. 她不禁眼泪夺眶而出。

d. 谁还思想不通呢？

以上的讨论可以看出，有领属关系的双NP句根据词汇化的程度可解读为两类句子，表2-2中的例子“他肚子饿”不同于“他头疼”，只能是话题结构。那么没有领属关系的双NP如何解读呢？情态动词测试谓语的手段成立吗？石定栩的全称量词的解读的确无法解释Pan和Hu的反例以及其他的一些例子，Yao Yao(2007)把第二个NP看作量词NP，如：

(26)a. 他们，谁会来。

b. 或许他们谁也不服谁。 (Yao Yao, 2007: 5)

c. 台北市十七家养老院，没有一家符合现行标准。

(Yao Yao, 2007: 6)

"谁"作为疑问代词分为两种用法，一类是疑问用法，如Pan和Hu的例子；一类是非疑问用法，如石定栩和Yao Yao的例子，所以Pan和Hu的例子不能否认石定栩的例子。"谁"疑问代词的非疑问用法又包括任指用法和虚指用法等，如(26b)中的两个"谁"分别表示任指和虚指。任指的"谁"具有周遍性，经常与"都""也"连用，既可以用于肯定句，也可用于否定句。陆俭明(1986)指出，周遍性成分不是话题而是主语。"什么"的用法相类似，"什么"与话题之间虽然不能加入"的"，但属于领属关系，如：

(27)a. 这首歌谁都会唱。

b. 你们谁也别告诉我妈。

c. 我什么都好着呢。

根据"谁"的代词用法以及"都"和"也"只能用在主语之后，我们判断出石定栩的副词用法观点是不恰当的，因此证明"他们谁都不来"等句子是话题句，但是情态动词一般处于主语之后，为什么又可以处于话题之后呢？Pan和Hu所说的情态动词其实是汉语副词，汉语副词用法复杂，位置比较灵活，根据关思怡(2013)，59%的副词与主语的位置关系都比较固定，只在主语后使用，或者只在主语前出现，其余的约41%的副词与主语的位置关系相对灵活，既可以在主语后使用，也可以在主语前使用，所以Pan和Hu的反例是存在的，从而证明副词测试主语的手段并不可靠。各类位置副词分别如下：

(28)a. 他可没说过这话。　　　　　　　　(只能主语后)

b. 不料他来晚了。　　　　　　　　(只能主语前)

c. 这么多菜，他恐怕一个人吃不了。　　(主语前后都可)

d. 这么多菜，恐怕他一个人吃不了。　　(主语前后都可)

Tai(戴浩一，1998)也证明了副词测试主语的手段不可靠。Jiang(蒋自新，1991)指出，VP 的修饰语“故意”“不”“会”“能”等可以作为区别主语和话题的关键测试手段，这些修饰语只能处于主语后，不能出现在主语或话题前，如“＊故意张三避开李四”“＊那场火故意消防队不来”“＊故意那场火消防队不来”。Tai(1998)认为，Jiang(1991)的测试不能区分主语和话题，因为 VP 修饰语也可放在主语之前，如“衣服偷偷地张三洗了”，他提出方式副词和句子副词能够区分话题和主语，两类副词可以出现在主语之前，但不能出现在话题之前，如“＊偷偷地衣服张三洗了”“那场火幸亏消防队来得早/＊幸亏那场火消防队来得早”。

第三类争论的焦点是成语结构问题。笔者也承认“你看我，我看你”和“大鱼吃小鱼”是成语结构，但这样的成语结构可以进一步分析为主谓结构，成语结构不是简单的语义合成，不能按字面意义解读，正如第一类中的词汇化成语，如“胆小”“耳朵软”“心毒”“脸皮厚”等。“大鱼”和“小鱼”是比喻意义，指一类人，所以和话题之间还是集合和成员之间的关系。

第四类争论的重点是话题能否被强调。一般认为，用“是”强调的是焦点，话题与焦点对立，分别是旧信息和新信息，许多学者把焦点排除出话题之外，所以话题前不能出现“是”。然而笔者发现焦点除了表示突出信息的功能外，还可以表示对比。这就与话题的对比功能一致，所以焦点和话题也有共性的地方。徐烈炯和刘丹青(1998)就把焦点分为自然焦点、对比焦点和话题焦点。这样一来，话题前出现的

“是”不是用来强调，而是对比。但是对比的情况较为少见，必须在语境中隐含对比的对象，“是这种豆子我没买”可以接受是因为否定句隐含了语境中还有其他种类的存在，如果肯定句“是这种豆子我买了”可以接受，就必须提供充足的语境，与“这种豆子”形成对比。所以用“是”来判断一个句子是否是话题句并不完全可靠。

至于悬垂话题与主语是否符合 Pan 和 Hu 的集合与成员关系，笔者认为 Huang 和 Ting 的反例并不成立，“一辆车一天三千”不能按照字面意义来理解，既不能是“一辆车三千”，也不能是“一天三千”，而是“一辆车（的租金）一天（的租金）三千”，句首两个 NP 之间符合集合与成员的关系。这种解释与 Pan 和 Hu 对第六类悬垂话题的解释一致，“一天”和“纽约”不是时间和地点状语，而是省略中心语的 NP。“＊妈妈，张三最亲切”中句首两个 NP 符合集合与成员关系，但为什么不是合格的话题结构呢？笔者认为原因在于“张三”和“妈妈”之间是可分离关系，难于预测“张三”就是指“张三妈妈”，下面具有不可分离领属关系的话题句可以接受：

(29)a. 张三，爸爸很有钱。

b. 小张，眼睛很漂亮。

以上讨论了文献中的有争议的主谓谓语句，结论是六类有争议的句首 NP 是话题，之所以有争议的原因有两个：一是句首 NP 在述题部分没有句法位置，二是第二个 NP 具有状语特征。

笔者认为，判断话题的副词测试并不总是可靠，句首有两个 NP 时只要第一个 NP 与句子其他部分满足“有关性”的要求就是话题，当然，“有关性”的判断也较为笼统，具体包括与述题成分之间存在的多种语义关系。

2.2.4 单 NP 句的话题与主语

话题和主语最大的分歧在于当谓语前只有一个 NP 的句子时，该

NP 是主语，是话题，还是兼有主语和话题？徐烈炯、刘丹青(1998)指出，NP 主语句是歧义句，句首 NP 既可以是主语，也可以是话题，加入停顿、啊、嘛、呢、吧等话题标记时主语就可以是话题，如：

(30)a. 几只喜鹊(，)让我的世界变得生动起来。

b. 我的二女儿(呢，)在北京卷烟厂工作。

但是并不是所有主语都可以作话题，我们前面已证明主语—话题等同论不具有可行性，根据语言经济性原则，如果两个概念等同的话就必须去掉一个，如果汉语中话题和主语同时存在，二者必须不能同质。Li 和 Thompson(1976)、Tsao(1977)、石毓智(2001)等总结了许多主语和话题的区别，刘丹青(2016)总结了区分话题和主语的六条可行性标准，其中包括话题具有话语属性、话题性、话题标记性，非话题主语重读，去话题化的句法处理等，在此基础上提出七类非话题主语，即此类主语不能作话题，这些主语都是焦点所在，焦点是新信息，与话题旧信息的要求不符，话题与焦点对立。

对比焦点主语、信息焦点主语、整句焦点句的主语都不能作话题，对比焦点是句中最为凸显的新信息，虽然信息焦点的焦点属性没有对比焦点强，但也是句中信息性最强的成分，整句焦点句是事件报道句(event-reporting)，属于非主题判断(thetic judgment)，整个事件都是焦点，全句都是新信息，而话题是已知信息和旧信息，所以这三类主语都不可以兼任话题。三类主语与话题对比如下，加上话题标记的句子不可接受，此类主语不能通过话题标记成为话题句(刘丹青，2016：263-265)(`号加黑体表示重读，井号 # 代表句子在此语境中不成立)：

(31)a. 小张没去上海，(是)`小王去了上海。

b. 小张没去上海，# 小王啊，去了上海。

(32)a. 谁是张明？

b. * 谁啊，是张明？

(33)a. 怎么啦？

b. 我的脖子(＊啊)疼。

主语受焦点敏感算子约束的句子也不是话题句，与焦点敏感算子(如只、就、才等)相关联的焦点成分被称为“语义焦点”，当主语是语义焦点时不能作话题。焦点敏感算子左向关联时可以关联到主语，主语成为语义焦点，这时的主语就像对比焦点主语一样不具备话题属性。刘丹青(2016:269)举出两个焦点敏感算子——副词“就”和“才”的例子：

(34)a. 老赵(＊啊)就学过法语，你可以问他。

b. 吃过苦的人(？啊)才会更加珍惜幸福生活。

(《刘汉洪快乐学》)

话题的指称要求决定了话题的非焦点性。Li 和 Thompson (1976)把有定(definite)作为话题的必备特征，曹逢甫(Tsao，1977)认为话题既是有定也是类指(generic)，刘丹青(2016：267)指出无定主语句大都属于非主题判断，也就是说无定主语句是全句焦点句，无定主语传递新信息，所以无定主语不能作话题。类指属于无定，但类指主语不同于真正的无定主语，类指主语句的谓语属于个体性谓语，应该是对主语的主题判断(categorical judgment)，无定主语句(35)和类指主语句(36)分别如下，可以看出无定主语不能添加话题标记，而类指主语句就可以：

(35)a. 一位中年妇女(＊啊)匆匆走来。她也是专程来给 14 号投票的。

(北京日报)

b. 三个素不相识的男青年(＊啊)闯进女学生的家……

(北京晚报)

(刘丹青，2016:267)

(36)a. 书，是智慧的宝库。

b. 一个年轻人啊，应当有志气。

(陆烁、潘海华，2009:533)

新信息除了依赖无定主语传递以外，语境也可以决定主语是否是新信息，一定语境下有定主语和类指主语都可以成为新信息主语，这样语境下的新信息主语句不是话题句，如(37a)中“陌生人的严厉斥责”与句首“谁”形成对照，具有焦点性，而(37b)中“不平凡”修饰语使得主语具有新信息性：

(37)a. 身边谁说他都没用；有时候，陌生人的严厉斥责(＊啊)能让他惊醒。

b. ……作者不平凡的经历(＊啊)会给学生以震撼……

(刘丹青，2016：269)

使用极小量词语进行全量否定的句子主语不是话题，极小量词语如“一辆车子”经常与否定连用，“一”不是奇数，而是全量，表示周边性。这类句子属于周遍性主语，这时的主语是句子焦点，不具备话题性，如：

(38)a. 一个(＊啊)也不敢动。

b. 一辆车子(＊啊)都没有。

(刘丹青，2016：270)

徐烈炯、刘丹青(1998)指出从句中话题的出现比较复杂，定语从句不排除话题结构。刘丹青(2016)进一步提到从句中的主语为非话题主语的现象更常见。石毓智(2001)也强调了话题化的结构不能进入从句，话题结构之所以不能进入从句是因为话题是一个篇章概念，话题结构是派生结构，只能用于非独立的句子上，而不能出现在从句里主语是一个语法结构的概念，可以用于句子和从句两个层次上。董秀芳(2006)则从语用学角度认为话题是有标记的叙事核心，而定语从句修饰限制的中心词也是叙事核心，为无标记叙事核心，一个结构中只能出现一个叙事核心，多个叙事核心的冲突造成句子不可接受。以上观点都非常有道理，这时的主语应该是焦点所在，以下例子(39a, a')对比可以看出主语和话题的区别，话题不

能嵌入主句中,(39b, b')表明从句中的主语不可以作话题:

(39)a. 我写好信的时候她已经睡着了。

a'. *信我写好的时候她已经睡着了。

b. 这就是小王看完书的地方。

b'. *这就是小王啊,看完书的地方。

(石毓智,2001:84)

以上分析表明主语和话题很多情况下可以重叠,但也有不重叠的地方,不能重叠的时候句首 NP 只能作主语。有没有只作话题的句首 NP 呢?这种情况的确存在,如"鸡,吃了"/"早饭,上我家来吃吧",句中有话题停顿,主语省略,但文献中争议的主要有两种情况:一是动词表示存在、出现和消失的存现句(分为存在句和隐现句),二是受事主语句,分别如下:

(40)a. 台上坐着主席团。

b. 草丛里跳出一个老虎。

c. 墙上挂着一幅画。

d. 明朝出了一个清官。

e. 王冕死了父亲。

(41)a. 手帕哭湿了。

b. 论文写完了。

c. 这辆车开起来很顺。

d. 一锅饭吃十个人。

我们先看(40a, b, c, d,e)一类存现句。关于句首 NP 的语法地位可以分为三类:状语、主语和话题,相应的存现句被称为"无主谓句""特殊主谓句"或"假主语句"(方位、处所词作主语)和"话题—述题句"。(40e)中应该是"父亲死"而不是"王冕死",不及物动词后面为什么跟宾语是语言学家一直讨论的问题,由于句首 NP 作主语的争议,有些语言学家就认为该 NP 是话题,如金立鑫(1991)就认为句首 NP 在句中只能是话题，不能充当其他句法成分，而常理(1992)则认为句首 NP 是语用话题，但一定是特定的句法成分，在句法平面上成为话题主语。

(41)中句子被称作“受事主语句”，相对英语的受事主语句，汉语受事主语句具有多产性，汉语受事主语结构是个“大杂烩”，包括中动句、意念被动句、主语宾语易位句等，句首 NP 不一定总是受事，也可以为工具、方位等非施事论元。Chao(1968)、Tao 和 Thompson(1994)都指出受事主语句在汉语语篇中出现频率极高。但也有人把句首 NP 看作话题，是受事话题化的结果，房战峰(2015)称之为“受事话题”。从语言类型学角度看，汉语受事主语句在汉语中之所以为非标记结构，是因为汉语是话题突出的语言(高秀雪，2016)。

笔者认为，存现句的句首 NP 不应该是话题，因为其后很少有停顿或“呢”“啊”“关于”等其他话题标记，如果句首 NP 是话题，其后应该有一个 pro，根据我们的语感，不存在这样一个主语 pro，更不会存在词汇化的主语 NP，存现句强调的是存在物，并没有把注意力集中在句首 NP 上。至于将受事句首 NP 看作话题也有一定的争论，如潘海华、韩景泉(2005)认为受事 NP 为话题，而马志刚(2014)则认为受事 NP 为主语。Ting(2006)也证明了受事主语句句首 NP 的主语语法地位，证据之一是句首受事 NP 能够约束反身代词，如“李四$_i$ 下放到了自己$_i$ 的老家”，证据之二是不定受事 NP 不可作话题，出现在句首只能是受事主语，如“一件背心织得又肥又长，不知道打算给谁穿”。

把句首 NP 看作话题并不有助于探讨存现句和受事主语句的本质，话题—述题的概括性较强，其处理方法在语法上意义不大，只能说明采用西方语法理论无法解释这类句子的生成，只好借助话题—述题来解决问题，这些句子显然与典型话题句不同。陈平(1994)指出，充任主语的语义角色优先序列是施事＞感事＞工具＞系事＞地点＞对象＞受事，我们不能把不符合施事、感事的句首 NP 都称作话题，充当主语的语义角色多种多样，英语中“受事”等也可以是主语，如 The car drives easily，主语语义角色的多样性是语言的共性。

通过以上的讨论，笔者认为，即使句首 NP 符合话题的指称、位置、“相关”意义等要求，而且 NP 和谓语之间可以加入停顿、语气词等话题标记，NP 也应首先解读为主语，只有在特定条件下，即标记状态下才解读为话题。并不是所有受事主语句都有歧义解读，如“这栋房子建得很漂亮”/“河流污染得很严重”这样的句子施事主语不能句法实现，受事主语句的范围大于受事话题句。

以上的讨论可以看出，句首单一 NP 大多情况下可以兼任主语和话题，具有句法歧义，但也可以不是话题、主语，从而印证主语和话题的非等同性。

2.3　话题结构分类

确定了话题的语法地位并区分了主语和话题以后，接下来就是进一步划分话题结构的类别，确定本书的研究对象。话题与述题之间的“有关性”可以从两个方面划分：一是结构上与述题相关，二是语义/语用上的话题与述题相关。

2.3.1　话题结构的结构分类

英汉话题结构对比研究文献中，研究人员经常把话题结构分为英语式话题结构和汉语式话题结构，前者话题与述题结构中的位置有联系；后者是汉语独有的汉语式话题结构，句首 NP 没有对应的述题结构位置。英语式话题结构又分为两种：一种称为“话题化结构”，其话题对应于述题的空位；一种称为“左偏置结构”，其话题对应于述题部分的复指代词或共指关系的 NP，如下所示：

(42) a. 这个念头他从来没有忘记过____。

b. 张三，我就是看他不顺眼。

我们分别来看一下这几类话题。

第一，英语式话题化结构。英语话题化结构一般认为是通过移位生成的（如 Radford, 1988），NP 从述题部分通过 *a* 移动规则移到句首并留下一个空位。汉语话题化结构如何生成还有很多争论，因为汉语话题化结构的话题成分比英语话题结构复杂得多，英语话题化的一般是谓词论元主语和宾语，而汉语话题对应的成分更多样化，除了谓词的直接论元，还有间接论元，介词引导下的状语句首作话题，省略介词，句首 NP 称为"外围格话题化"，还可以对应定语的所有格名词，即领属话题结构，甚至从句中也能关联，分别如下：

(43) a. 这个结果他已经估计到了。（宾语）

b. 身为家长的人，基本都能理解吴倩的焦虑。（主语）

c. 这把刀我切熟食。（状语）

d. 张三，爸爸很有钱。（定语）

e. 这本书，读过的人不多。（定语从句中的宾语）

第二，英语式左偏置话题结构。英汉左偏置结构的生成方式也没有定论，左偏置结构的话题相对应的句子成分更加多样化，接受性更强，可以是句子的主语、宾语、状语、定语、兼语等，如：

(44) a. 这个学生，她已经完成了任务。（主语）

b. 这个老师，学生都很喜欢*她*。（宾语）

c. 那个城市，我过去*在那里*工作过。（状语）

d. 张三，*他*爸爸是教授。（定语）

e. 张三，我们想培养*他*当班长。（兼语）

第三，汉语式话题结构，也称"悬垂话题"。该类话题在述题部分找不到原位，不可以复原，无法用移位理论来解释，所以一般认为是基础生成的，相对英语式话题结构，这类结构话题与述题之间的结构关系似乎比较松散，但语义层面具有逻辑有关性，由语义允准，典型悬垂话题结构如下：

(45)a. 电脑，我是外行。

b. 水果，我喜欢吃苹果。

c. 那件事，你不能光麻烦一个人。

d. 这件事，你别敬酒不吃吃罚酒。

第四，话题标记话题结构。汉语作为话题突出语言，除了停顿、停顿语气助词“呢、么、啊、吧”等以外，还有句首引导介词。句首NP由介词短语或分词短语引导，形成具有话题标记的话题结构，从结构上介词短语把话题与述题联系起来。英语常见的介词短语有as for和as to，该类话题与述题关系相对松散，一般表现为左偏置结构和汉语式话题结构，如(46)所示。汉语常见的介词短语有“关于”和“至于”，分别表现为话题化结构、左偏置话题结构和汉语式话题结构，其中汉语式话题结构更为常见，如(47)所示：

(46)a. As to the technical problem, I will deal with it later.

b. As for the traffic, we have no difficulty.

(47)a. 对于这些错误思想，需要认真加以分析和澄清。

b. 关于梁老师，我知道他是一个好老师。

c. 关于我的家乡，我做了好些梦。

第五，单项NP话题结构。该类结构又分为两类：一类句首施事、感事NP兼任主语和话题，具有句法歧义性；另一类句首受事NP兼任话题和主语，分别如下：

(48)a. 这个生命刚刚好地改变了历史。

b. 过往的史书都着重描述这位将领的博学和胆识。

(49)a. 这栋房子盖好了。

b. 这副对联读起来悦耳动听，诗情画意。

我们将这两类结构界定为话题结构，但在中性语境下理解为主语句，只有在特定语境下，或添加了停顿等话题标记时，才可理解为话题结构，它们属于标记话题。

2.3.2　话题结构的语义/语用分类

话题与述题之间"有关性"的界定往往被认为比较笼统。Polinksy(1999)就认为需要更加严谨的话题定义。Jacobs(2001)指出"有关性"不能完全穷尽各类话题—述题结构，提出了四类语义属性或维度作为话题—述题结构的特征：信息分解(information separation)、语义陈述(semantic predication)、论述(addressation)、框架(frame-setting)。尽管语义属性的列举比"有关性"具体，但是这些语义属性也不具备穷尽性。Gundel 和 Fretheim(2004)也采纳话题结构的"有关性"特征，同时也指出话题定义缺乏统一性。

汉语界对"有关性"的划分也多种多样。话题与述题之间的语义关系最为容易理解的是：话题是谓语动词的一个论元，跟谓语动词有施事、感事、与事、经事、对象、工具、处所等常规句法语义关系，对应于英语式话题结构，话题与述题的某个成分或空位有共指关系，这一类话题结构内部语义关系比较紧密，徐烈炯、刘丹青(1998)称之为"论元共指性话题"，与述题某个成分或空位有共指关系的最容易成为话题，如下所示：

(50)a. 防护网的事，我也在考虑。　(对象)
b. 这种事，他干得出来。　(受事)
c. 这个生命，刚刚好地改变了历史。　(施事)
d. 当地的藏族，愿意跟北京人结婚。　(感事)
f. 大碗我吃过。　(工具)
g. 沙发我睡，床你睡。　(处所)

汉语作为话题突出的语言，充当话题的成分非常多，除了以上论元共指关系的话题结构外，其他成分也有机会成为话题，其中包括话题与定语共指、时间和地点状语等。徐烈炯、刘丹青(1998)认为二者都属于语域式话题，分别称作"领格语域式话题"和"时地语域式话题"：

(51)a. 老王，儿子考上了大学。 (领格)

b. 大象，鼻子很长。 (领格)

c. 上海我有熟人。 (地点)

d. 今天下午我们开会。 (时间)

论元共指性话题、领格语域式话题和时地语域式话题都能在述题中找到一个位置，因此语义关系容易建立。汉语中还有汉语式话题结构，该类话题结构语义的制约比较小。根据徐烈炯、刘丹青(1998)，该类话题又可分为两类：一类是话题与述题中的成分是上下位关系或种属关系，称作"上位语域式话题"；另一类是话题与述题之间没有明确的语义关系，能否充当话题往往与语言外因素相关，话题为述题提供背景，称作"背景语域式话题"，分别如下：

(52)a. 水果，我喜欢吃苹果。 (上位)

b. 花，玫瑰最好。 (上位)

c. 那场火，幸亏消防队来得早。 (背景)

d. 田间管理，他很有经验。 (背景)

话题结构的语义/语用分类的多样性来源于话题和述题之间模糊的"有关性"，正如 Y. Huang(黄衍，1994：162)从语用上对话题句"有关性"的定义：在话题句中，述题的一部分或者整个述题小句必须谈到关于话题的某些事情。语言学家们对话题结构的语义/语用类别有不同的观点。胡旭辉(2009：64)从认知语义和语用的角度，提出话题必须与述题小句中的某个论元存在领属关系。领属关系分为三类：原型领属关系(prototypical possession)、自我领属关系

(self-possession)、方位领属关系(locative possession)。原型领属关系包括拥有关系(ownership)、血缘关系(kinship)、部分整体关系(whole-part),这类话题结构分类相当于徐烈炯、刘丹青(1998)的领格语域式话题和上位语域式话题,分别如下:

(53)a. 我头痛。

b. 张三啊,儿子很争气。

c. 这棵树叶子很大。

自我领属关系指的是一个实体属于实体本身,相当于论元共指性话题,如"小明,我认识他"。方位领属关系除了包括徐烈炯、刘丹青(1998)的时地语域式话题外,还把背景式话题如"生物伦理学,我不是专家"包括进来。

陈平(1996)从语用的角度把话题分为三类:事例话题(instance topic)、框架话题(frame topic)和范围话题(range topic)。三类话题的定义(1996: 32)如下:

(54)事例话题　是对它作出断言并进行评估的一个事例,它通常是语境中全部所指实体的认知总藏中的一个定指的实体。

框架话题　是提供时空和具体框架的话题,在这个框架里,由话题结构其他部分表达的命题(通常是对句子中另一个成分——一般为主语——作出的断言)为真。

范围话题　是划定作为断言对象的一个变项的范围的话题。

话题化结构和左偏置话题结构的话题都属于事例话题。对于汉语式话题三种情况都有可能,如事例话题,只要话题扮演了参与角色,虽然没有位置可以复原,这样的汉语式话题也称作事例话题,如:

(55)a. 这本书他写得太匆忙了。

b. 这些事情你们不必放在心上。

框架话题一方面包括时地语域式话题，为述题提供环境角色；另一方面还包括除了上位语域式话题以外的话题与谓语没有直接联系的汉语式话题。陈平(1996)把上位语域话题称为范围话题，两类话题如下所示：

(56)a. 上星期三，老钱去了日本。 (框架)

b. 身体，老赵最好。 (框架)

c. 海鲜，我最爱吃龙虾。 (范围)

从以上语义分类可以看出，研究人员对于话题"有关性"的定义有不同看法，由于"有关性"太过笼统，语言学家从不同的角度对它进行分类。总体来说，对于英语式话题和左偏置话题分歧较小，对于汉语式话题的分类多种多样，分类有重叠的地方，这就表明话题与述题之间的关系本质还需要进一步研究。Gasde(1999)跳出了话题"有关性"定义特征的束缚，把话题分为两类，一类是有关性话题(aboutness topic)，一类是框架设置类话题(frame-setting topic)。前者为论元共指话题，也就是生成语法中移位生成的话题，后者为无空位共指话题，也就是汉语式话题。但是二分法的标准也存在问题，有关性和框架不是并列关系，而是包含关系，框架也是一种"有关性"。本书将对话题的语义/语用分类进一步明晰，对"有关性"进行更细致的描写。

2.4 本章小结

首先，本章讨论了话题在汉语语法系统中的地位，赞同主语话题平行说，话题是与主语具有同等句法地位的成分，即话题具有独立的语法地位，汉语语序为 TSVO。承认话题的句法地位并不是否认话题的语用/语篇功能，句法话题一定是语用话题，但语用话题未必是句法话题，二者分属句法和语用层面，因此，话题也是一个句法—语用界面概念。

其次，本章又讨论了话题辨识中存在的疑问，进一步区别了话题和主语。理论上，话题与主语占据不同的句法位置，应该容易辨析，但实际上，由于汉语不是屈折语言，主语和话题的判断除了形式标准，也离不开语义标准。本章确定了双 NP 句的汉语式话题的存在，同时也指出单 NP 句中并不总是句法歧义句，有些 NP 只能是主语。总体来说，汉语话题具有话题标记，辨认的形式标准有主语前 NP，停顿及提顿词啊、嘛、呢、吧、呀、的话，“至于”“关于”等。

最后，本章从结构上和语义/语用上对话题结构进行了分类，确定了本书研究的对象是标记性话题结构，即话题和主语都出现或有话题标记的话题结构，话题结构的结构分类在文献中基本清楚，但语义/语用分类还有很多分歧。

第3章　话题结构生成的多维度研究

从20世纪80年代初期以来，话题结构的生成机制和性质一直是话题研究的中心问题，话题的生成方式和话题合法性的制约条件在理论语言学界存在许多争议，不同语言学流派提出了不同的观点，从不同的角度对话题结构的生成进行多维度研究，其中争议最多的是形式语言学流派，争议的焦点在于话题结构的生成是基础生成还是移位生成。本章对话题结构生成的不同研究路径进行综述，并指出存在的问题，为我们的研究思路打下基础。

3.1　形式语言学研究

话题结构的形式语言学研究反映了生成语法的发展历程，研究者尝试采用生成语法不同阶段的语法理论解决话题生成机制这个热点问题，从支约理论（Government and Binding Theory）到最简方案（Minimalist Program），争论最为激烈的是支约理论框架下话题结构是移位生成还是基础生成。该问题的争论不仅涉及话题结构的生成问题，还涉及孤岛限制（island constraints）或邻接条件（subjacency condition）是否适用于汉语，争论的双方都各有理据，但也有各自的漏洞。认为话题结构生成与孤岛条件无关的就要解释那些移出孤岛就不能成立的例子，而认为孤岛条件在话题生成中起作用的就需要解释那些移出孤岛却能成立的例子。

3.1.1　基础生成说

话题结构是移位生成还是基础生成的判别标准来自支约理论下的鉴别标准，即孤岛条件。孤岛条件限制起源于 Ross(1967)，Ross 提出一些结构像孤岛一样形成封闭区域，封闭区的成分不能移出封闭区外。孤岛条件概括力不是太强，抽象程度不够高，普遍语法色彩不够浓，因此，后来 Chomsky 等人对该理论进一步发展，将其纳入支约理论当中，发展为界限理论(Bounding Theory)的重要组成部分，Chomsky(1973)把 Ross 的各种孤岛限制归纳为一条规则，即邻接条件，提出所有移位都要受局域条件(locality condition)限制。邻接条件概括力和解释力更强，主要内容包括：

(1)a. 移动项移动时不能超过两个以上(包括两个)的边界节点。

　b. 边界节点包括 IP 和 NP。

邻接条件存在限制过强或过弱的问题，不能很好地解释主语和宾语不对称现象，Chomsky (1981)提出了空语类原则(Empty Category Principle)。邻接条件和空语类原则分属不同的模块，前者限制派生过程，后者限制语迹。Chomsky(1986)把邻接条件和空语类原则归纳到语障(barrier)系统之下。

Ross 的孤岛限制包括复杂名词短语限制(Complex NP Constraint)、主语从句限制(Sentential Subject Constraint)、并列结构限制(Coordinate Structure Constraint)、疑问词孤岛限制(WH-Island Constraint)、左分支条件(Left Branch Condition)等，分别表示复杂名词短语、主语从句、并列结构、疑问句、领属性 NP 等都是孤岛，提取里面的成分都不自由。Chomsky(1973)把这些限制总结为邻接条件：… X …$[_{\alpha}$… $[_{\beta}$… Y …] …] … X …，X 和 Y 不能互相关联，即 Y 位置的成分不能移到 X 位置，因为跨越了两个节点。各种孤岛限制如下：

(2) a. * Who_i did you report the fact that John saw t_i?

(复杂名词短语限制)

b. * $Rose_i$, that John will teach t_i is planned.

(主语从句限制)

c. * Which $teacher_i$ $[_{IP}$ did you divide the shares between $[_{NP}$ Mike and t_i]]?

(并列结构限制)

d. * Which $book_i$ $[_{IP}$ did you wonder $[_{IP}$ who bought t_i]]?

(疑问词孤岛限制)

e. * $John_i$, $[_{IP}[_{NP}$ t_i father] is very learned.]

(左分支条件)

为了使以上的句子合法，挽救的办法就是在空位处添加复指代词(resumptive pronoun)或名词词组，使其变成左偏置结构。话题化规则和左偏置规则在形式上几乎相同，只是左偏置过程中前移的名词短语在原先的地方留下一个代词。孤岛限制不适用于左偏置过程，所以下列句子是合法的：

(3) a. Who did you report the fact that John saw him?

b. Rose, that John will teach her is planned.

c. Which teacher did you divide the shares between John and him?

d. Which book did you wonder who bought it?

e. John, his father is very learned.

早从 20 世纪 80 年代，生成语法界就致力于汉语话题结构的研究，汉语话题结构的生成在生成语法领域内引起较大争论，但是到目前为止，生成语法界对汉语话题结构的生成还没有达成一致的意见。争论的一方以徐烈炯为代表，认为话题结构是在语法的基础部分产生的，而不是通过移位后派生的（Xu & Langendoen，1985；Xu，1986；徐烈炯、刘丹青，1998，2007），基础生成说被后来更多的功能学派和认知学派所赞同。争论的另一方以黄正德为代表，认为话题结构是疑问词移位形成的（Huang，1982，1984，1987；Ning，1993；Shi，1992），名词短语移到非论元位置，必须遵守孤岛条件。

Xu 和 Langendoen（1985）、Xu（徐烈炯，1986）认为，汉语话题结构的生成并非疑问词移位造成的，汉语话题结构只需满足“有关”（aboutness）的要求就成立，也就是说汉语话题结构的生成受语义限制，句子相关的空语类是一个自由空语类（Free Empty Category）。黄正德则持截然不同的观点，认为汉语话题结构是疑问词移位生成的，其中的空语类只能是一个变项（variable），所谓变项就是受疑问词约束的空位。

Xu 和 Langendoen（1985）、Xu（1986）反对黄正德的话题移位说的论据是从生成语法的理论出发的，提出空语类不是变项，因为变项观点违背了一些语法原则。Xu（1986）针对黄正德的变项说提出三个驳斥理由，说明变项说带来的生成语法理论的困难：

首先，变项通常受“强跨越”（Strong Crossover）条件的制约，所谓“强跨越”，是指移位跨越同指的代词，而汉语话题结构中的空位和话题之间的关系不受这个条件的制约，比如（4）中的空位宾语可以跨越相同的标引“他”与“小明”同指。“强跨越”的违背表明空语类不是变项。

（4）小明$_i$，他$_i$ 以为妈妈要责备 e_i 了。

其次，话题与多个空位同标违反了检验变项的标准——双约束原则（Bijection Principle）。该原则规定每个论元位置（A-position）至多只能受一个非论元位置（A'-position）的约束；每个非论元位置至多只能约束一个论元位置。下面非论元位置上的话题同时约束两个不同论元位置上的空语类，从而证明这些空语类不是变项。

(5)张三$_i$，他们说 e_i 曾经主动要求别人批评 e_i。

最后，空位和话题之间的关系与孤岛条件限制无关，从而说明话题非移位产生，同时，话题化过程不存在主宾不对称（subject-object asymmetry）现象，与黄正德的广义控制规则（Generalized Control Rule）无关，以下例子都是孤岛条件制约的反例。

(6)a. 这本书$_i$，$[_{NP}[_{IP}$读过 e_i 的]人]不多。

b. 这本书$_i$，我没见过一个$[_{NP}[_{IP}$能读懂 e_i 的]人]。

徐烈炯还提出话题结构并不总是存在空位，即使有空位，话题与空语类也并不同指，从而证明移位处理的困难性。汉语中除了相当于英语话题化结构(7)和左偏置结构(8)以外，还有英语中没有的汉语式话题结构(9)。该话题不与述题中的论元成分或句法空位有共指关系，只是为述题提供一种时间、空间以及个体方面的范围和框架。

(7)a. 张三$_i$，我见过 e_i。

b. 这本书$_i$，我读过 e_i。

(8)a. 张三$_i$，我见过他$_i$。

b. 张三$_i$，我教过这个学生$_i$。

(9)a. 水果，我喜欢吃香蕉。

b. 那个花园$_i$，我们已经种上 e_j 了。

徐烈炯、刘丹青(1998)认为，汉语话题语法化程度比英语高，英语话题是由其他语法化成分临时移到句首所起的话语功能，而汉语话题是高度语法化的成分，话题只可以是话题，不能兼任其他功能，所以话题是基础生成的。当然，徐烈炯、刘丹青(1998)是从句法层上讨论话题独立的语法地位，并不否认话题在语篇/语用层面发挥的话语功能。

3.1.2　移位生成说

移位生成说认为，话题结构的生成遵守孤岛条件，具有孤岛效应，是 *wh*-移位生成的，话题与空位之间是约束—变项关系，代表人物是 Huang（黄正德，1982，1984，1987）、Ning（宁春岩，1993）、Shi（石定栩，1992）、Wei(2009)、Hsu(2009)、Huang, et al.(2009)等，讨论较多的是复杂 NP 短语提取、领属关系 NP 的领有成分提取和主语从句中成分提取，分别如(10)(11)(12)所示。当话题化出现反例时，他们会提出补救措施，指出这些所谓的反例可以用其他原则来解释，并不能否定孤岛条件限制。

(10)a.　*这本书，读过的人来了。　(Huang, 1982)

b.　张三，唱歌的声音很好听。　(Huang, 1984)

c.　*张三，我很喜欢唱歌的声音。　(Huang, 1984)

(11)a.　张三，爸爸很有钱。　(Huang, 1984)

b.　*张三，我看见爸爸了。　(Huang, 1984)

(12)a.　*这些女孩子，我的看法是你去找会造成误会。　(Shi, 1992)

b.　*这篇文章，张三写是迫不得已。　(张敏，2009)

根据黄正德等的观点，以上不可接受的例子表明汉语话题化结构遵守孤岛条件限制。徐烈炯对约束—变项的驳斥理由都不成立，因为徐烈炯错误地认为汉语没有主宾语不对称现象，以上例子充分表明了主宾不对称现象的存在(Huang, 1987)。强交叉在英语中不允许，主宾不对称现象不存在英语当中，如(13)，而汉语中强交叉在主语位置上移出是允许的，如(14a)：

(13)a.　*$John_i$, he_i said e_i saw Bill.

b.　*$John_i$, he_i said Bill saw e_i.

(14) a. 张三$_i$,他$_i$ 说 e_i 没看见李四。

b. *张三$_i$,他$_i$ 说李四没看见 e_i。

徐烈炯的非变项观点不能完全驳斥移位生成说,因为移位生成说与汉语某个空语类是否是变项无关。根据 Chomsky(1982)对空语类的功能解释,一个空语类当且仅当在一个层面上受局部约束,那么它在那个层面就是变项,不考虑其派生过程,也就是说,非移位的空位也可以是变项。Huang(1987)把汉语话题结构的生成分成两类:一类话题结构是疑问词移位形成的,一类话题结构是基础生成的。派生出受话题约束的变项有两种方法:一种是移位产生的疑问词语迹(*wh*-trace),另一种是 D-结构空代词(empty pronominal)后来与话题同标变成变项。因此,一些汉语话题结构不受强跨越条件限例,双约束原则或孤岛条件的限制仅仅表明这些话题结构是基础形成的,不能因为不遵守这些条件就否认移位生成说。

主宾不对称允许空语类出现在主语位置的例子是合法的,其合法性可以用广义控制规则来解释,即空代词与最近的成分同标。空语类出现在宾语位置上的例子不合法是因为空语类受主语的阻挡不能与话题同标。黄正德同时指出,不合法的句子印证了普遍移动规则——孤岛限制也适用于汉语话题结构的生成。以上可以接受的句子与孤岛条件无关,其合法性是因为遵守了广义控制规则。

但是黄正德的移位说也存在问题,反驳徐烈炯约束—变项异议的三个论据也不充足。高秀雪(2011:9)指出,黄正德的论点能否成立在很大程度上取决于乔姆斯基对空语类功能解释理论能否成立。乔姆斯基认为,空语类在 D-结构是恒定的,但是从支约理论的角度来看,空语类的功能解释理论存在很多问题。同时,广义控制规则也具有规定性,不符合生成语法普遍规则的解释性。广义控制规则对那些不呈现主宾不对称现象无能为力,如"这本书,我没看见一个能读懂的人",虽然空位处于宾语位置,但不影响这句话的可接受性。

基础生成说和移位生成说两种观点的对立讨论集中于话题结构生成的主宾不对称现象。黄正德等人认为，话题化存在主宾不对称现象，从宾语位置移出的对孤岛条件限制敏感，从主语位置移出的与孤岛条件无关，受广义控制规则制约。总之，移位条件具有普遍性，适用于汉语。徐烈炯等人认为，话题化中主宾不对称现象并没有显现，话题化限制与孤岛条件和邻接条件无关。双方争论的现象重复如下：

(15) a. 这本书$_i$，[$_{NP}$[$_{IP}$读过 e_i 的]人]不多。

b. 这本书$_i$，我没见过一个[$_{NP}$[$_{IP}$能读懂 e_i 的]人]。

以上是徐烈炯的复杂 NP 提取例子，证明话题化不受孤岛条件制约，无论主语还是宾语，话题与空位都能关联。对于该类移位说的反例，支持邻接条件的学者，如 A. Li(李艳惠，1990)和 Shi(1992)就认为之所以没有出现主宾不对称，就是因为话题是无生命的 NP，相关的空位是一个隐性的代词，是左偏置结构，无生命的 NP 通常不能有复指代词“它”，如“＊这本书，读过它的人不多”，话题与空位之间的关系是约束关系，与孤岛限制无关，因此不能以此否认主宾不对称现象，如果话题为人的话，宾语位置就不可以移出，如“＊张三，我从来没遇到喜欢的人”。

移位派的反驳并不具备说服力，因为基础生成派的例子表明，即使是有生命的 NP 作话题，也不存在主宾不对称现象，Xu 和 Langendoen(1985)认为名词短语的有指和无指的对立决定了能否提取其中的 NP 与孤岛条件无关，如在例(16)中，(16a)“抓到的人”是有指，而(16b)“抓到的人”是无指，从有指 NP 中不容易提取话题。

(16) a. ＊那个强盗$_i$，我想 e_j 抓到 e_i 的人$_j$ 得了奖。

b. 那个强盗$_i$，我想 e_j 抓到 e_i 的人$_j$ 应该得奖。

左分支条件是否发挥作用也是一个争论的焦点。根据左分支条件，领属性 NP 不能从其更大的 NP 中移出。Huang(1984)认为，领属 NP 话题提取也存在主宾不对称现象，位于宾语部分的领属 NP 不可以提取为话题，受孤岛条件限制，如“* 张三，我看见爸爸了”。对于疑似反例“橘子，我剥了皮了”，之所以从宾语位置可以提取话题是因为汉语中经常将动宾短语压缩为“半复合词”，“剥皮”的“皮”前没有领属空位，空位处于“剥皮”的后面作宾语。

Hu 和 Pan（胡建华、潘海华，2000）不赞同“半复合词”的观点，认为主宾对称现象是语用因素在起作用，提出“一个话题 NP 可由一个空领有者允准跨越一个介于其间的 NP，当且仅当后者是一个不可分离的（inalienable）领有者”，但对于什么是“不可分离”的领属关系并没有明确回答，领属关系非常复杂。张敏（2009）指出，Hu 和 Pan（2000）的不可分离关系显然不包括亲属关系，否则无法解释“* 张三，我看见爸爸了”和“* 张三，我认为爸爸很有钱”的不可接受性，以及“张三，爸爸很有钱”和“张三，我听说爸爸很有钱”的可接受性。张敏（2009）指出，语用因素不仅包括领属的分离性，还与动词的属性、否定和句子的焦点等有关系，按照她的观点，孤岛条件是弱孤岛，里面成分有逃逸的可能。

田启林（2016：294）也质疑了 Huang（1984）的广义控制规则，认为该规则具有规定性，而不是解释性，而且有很多现象该规则也不能给予很好的解释，有些句子满足了广义控制规则，但仍然不可接受，而有些句子没有满足该规则，但也可以接受，分别如下：

（17）a. * 张三$_i$，关于 e_i 爸爸的谣言很多。

b. 这本书$_i$，我找到了缺的 e_i 那一页。

概括来说，话题结构的移位生成说和基础生成说都存在问题。移位生成说对反例的解释并不充分，黄正德既承认话题结构是移位生成的，也不否认一部分话题结构是基础生成的，这样一来对话题结构的生成就不具有统一性，而 Shi（2000）为了保证话题结构移位生成的一致性，否认汉语式话题结构，这违背语言事实，把话题结构处理成移位生成的确比较困难；而基础生成说的“有关”生成条件又过于宽泛，虽然徐烈炯、刘丹青（2007）提出了话题通过框架大于内容的原则来允准，但不能很好地解释语言中的确存在主宾不对称现象，因此，两种观点都不能很好地解决话题生成的限制问题。基础生成说不能否认话题移位的可能，移位生成说也不能否认话题的基础生成性。既然移位说承认有些话题是基础生成的，笔者认为基础生成说更具备可行性，更符合我们的认知，话题就是话语起点，对话结构语法化为话题结构。

3.1.3　省力说

随着生成语法理论的发展，研究者采用生成语法的新理论、新思路解决汉语话题结构的生成制约问题，主要是在 Chomsky 最简方案的理论框架下进行，但其影响力远不及以上两种观点。从 1993 年 Chomksy 论文《语言学理论的最简方案》开始，生成语法就从支约理论进入最简方案阶段，Chomsky 提出了生成语法的经济性原则，所有的原则、表达式和运算规则都遵守最省力原则，句法运作过程分为运算系统和词库，尽可能不要移位，因为移位比非移位费力，如果非要移位，也要移位越短越省力。

A. Li(李艳惠，2000)认为，汉语话题结构的生成表现出最省力效应，因为汉语话题结构可以通过移位生成或基础生成，当形态—句法线索表明结构重建为必要时，话题结构为移位结构，否则就假定为较为省力的非移位结构。也就是说为了调和移位说和基础生成说两者之间的冲突，A. Li(2000)提出把省力概念应用到结构重新建构中，只有必要时才可以重建，也就是移位。

A. Li(2000)指出，尽管话题结构的空位代词和显性代词可以互换，如“张三$_i$，他$_i$/e_i 看的书很多”，但空位代词和显性代词的句法表现不相同，空代词的出现具有更多的限制，有四个证据表明话题结构选择移位生成的可能性。首先，空位代词不能是 PP，即 PP 话题不能左偏置而与基础生成的空位代词同指，PP 话题必定是移位生成，如“对张三，我知道 t 他不怎么关心”。

话题需要移位的第二个证据是 V+O 习语中的 O 可以作话题，如“玩笑，他开得好吗”。人们广泛认为习语词块的左偏置是话题移位生成的证据，因为习语在某个派生层面是一个单位。第三个证据是习语中 O 话题移位受局域条件限制，如下：

(18)a. 默$_i$，张三认识那个幽过 e_i，可是幽 e_i 的不好的人。

b. 默$_i$，我知道张三因为会幽 e_i，很有人缘。

第四个证据来自照应语的约束，照应语前置受到非成分统治的约束，如“(他)自己$_i$ 的朋友，张三$_i$ 很照顾”，如果话题从受主语成分统治的位置移位到句首位置，话题同时受主语的约束和成分统治，也就满足了照应语要受到成分统治的条件，以下例子形成的对照进一步证明话题移位性(19a)和显性代词的存在表明的话题基础生成性(19b)：

(19)a. (他)自己$_i$ 的爸爸$_j$，张三$_i$ 会照顾 t_j。

b. (他)自己$_i$ 的爸爸$_j$，张三$_i$ 会照顾他$_j$。

A. Li(2000)进一步指出，有些短语前置不属于结构重建，因为有形态—句法线索表明结构重建不是必需的，照应语左边有约束者就没有必要处理为重建，如下所示，“自己”的约束者是“米老鼠”，就没有必要从右边移到左边，而是基础生成：

(20)a. 米老鼠梦想，自己的气球，大猩猩抓着。

b. 米老鼠梦想，他自己的耳朵，大猩猩摸着。

A. Li(2000)以结果复合动词为例进一步说明省力概念在决定结果复合动词句解读和可接受性中所起到的作用。结果复合动词可分为不及物动词(如追累、说烦、踢痛、骑累)和及物动词(如喝光、踢破、煮糊、骑坏)，不及物动词的话题结构是基础生成的，而及物动词的话题结构是移位生成的，分别如下：

(21)a. 李四，我知道/以为张三追累了。

b. 那个球，张三踢破了。

(21a)中“追累”是不及物动词，“李四”不是“追累的”宾语，但是“追”的对象，所以话题“李四”与评述之间存在“有关性”，而“ * 张三，李四忙病了”不可接受是因为无论是“忙病”还是“忙”都是对“李四”的陈述，话题“张三”与述题之间不具有“有关性”。(21b)中“那个球”是“踢破”的宾语，该话题是移位生成的。

A. Li(2000)的话题结构生成的分析与 Huang(1982, 1984, 1987)等的观点相似，只是从更加宏观的角度解释了移位生成和基础生成的原因，移位生成受局域条件限制，基础生成受其他条件制约。她提出四个移位可能的证据，这些证据说服力并不强，如 PP 话题一定是移位生成的，姑且不说 PP 是不是话题，PP 处于句首是移位而来就非常具有争议，任何语言中 PP 的位置都比较灵活，出现在句首也可以是基础生成。另外，以习语为例证明移位的存在也有问题，习语成分之间有关系密切得不可分割的，也有可以分割的，正如宾语成分，所以以习语来论证移位的存在不具有说服力，“幽默”本身不可分离，不可以证明移位受制于局域条件。

3.1.4　语段移位/合并说

在最简方案发展过程中，生成语法的技术操作发生了很多变化，GB 理论中的“深层结构”“格理论”和“空范畴”等渐渐被否定和抛弃，一些新的技术手段出现了。例如：为了减少运算负担，提高运算速度，Chomsky(2000, 2001)提出了一个新概念：语段(phrase)。语段是句法推导的单位，语言表达的推导以语段形式通过外部合并和内部合并/移位循环进行。对于什么是语段，Chomsky 认为语段是论元齐备的及物动词短语或句子，也就是，操作中的真正意义上的语段为 CP 和 v＊P(Chomsky, 2004, 2008)，语段操作遵守语段不可穿透条件(PIC, Phrase Impenetrability Condition)，一个语段内的操作完成后，该语段中心语的补语不能参与下一语段的操作，只有语段的边缘(edge)才可以逃离语段之外，边缘是指语段的中心语和标志语。

温宾利、田启林(2011)就采用语段理论对领有话题进行了研究。他们指出，以往研究存在问题，无法回答领有话题(22a, b)可以接受，而(23a, b)不可接受，Pan 和 Hu(潘海华、胡建华，2002，2008)语义变量允准条件能够解释(22)的合法性，但无法解释(23)的不合法性，黄正德等广义控制规则无法解释(23)都不具备合法性：

(22)a. 大象鼻子长。

b. 王冕死了父亲。

(23)a. ＊张三的女朋友啊，爸爸杀死了很多人。

b. ＊张三啊，这种行为践踏了我的尊严。

温宾利、田启林(2011)认为，领有话题是移位生成的，受局域条件限制，对于局域条件无法解释的现象，他们借助了标志语条件(Specifier Condition)和语段理论。话题移位与疑问词移位一样，受标志语条件和语段理论制约，不能从位于语段中心词标志语上的成分中再提取一个成分，(22)中系动词和非宾格动词 vP 构不成语段，可以从标志语中提取成分，而(23)中及物动词 vP 构成语段，就不能从标志语位置提取成分。Yu(2014)持相同的观点，“书，我喜欢张三写的”可以接受在于“书”是“张三写的”中心语，而“＊消息，我听说了张三打李四的”不可接受在于违反了 PIC，“消息”处于 vP 的补语位置。

温宾利、田启林(2011)等的技术操作较为复杂，我们不用去关注其具体的操作过程，判断该研究路径的合理性还要看它的解释

力。该路径能够较好地解释(22)和(23),但是不能解释及物动词 vP 构成的语段中可以提取话题,如下:

(24)a. 张三,爸爸抓到过小偷。

b. 张三,脑袋撞门上了。

支约理论框架下,话题被认为是嫁接到 IP 之上。如 Culicover (1991)认为,话题受孤岛条件制约,汉语话题的孤岛条件面临许多问题,因此一些研究人员在最简方案的理论框架下,采用语段理论,指出汉语话题是合并生成的。丁泓棣(2009)认为,话题类似于附加语,遵守广义左向合并原则;熊仲儒(2007)引进话题功能范畴,坚持合并决定论元原则,汉语式话题由功能范畴 Top 直接选择论元,或者是由轻动词引进。

笔者认为,语段理论为移位提出了特征核查的动因,解决了话题结构生成的技术问题,把移位和基础生成统一在语段操作当中,但是无法很好地解释话题的句法和语义限制,语段内的补语成分不能参与其他语段的运算。这样一来,语段就与孤岛一样的性质,但什么是语段也就存在疑问,如(24b)虽然也隐含了一个施事,这个施事不能句法实现,应该算是成分齐全,句子主语具有主动性,应该是一个语段,但是为什么该语段可以话题移出呢?“ * 消息,我听说了张三打李四的”也可以脱离语段理论的解释而采用更简单的方法,之所以该句不可接受是因为述题本身不可接受。陆烁、潘海华(2014:17)也指出,温宾利、田启林(2011)的理论有很多例外情况,及物动词的语段可以移出话题,而且不存在主宾不对称现象,如:

(25)a. 那只小猴,尾巴卷在树上。

b. 卧室,我重新修了地板。

c. 电视,小张搞丢了遥控。

3.2 语义/语用研究

Hu 和 Pan (2000)、Pan 和 Hu (2002, 2008)与陆烁、潘海华(2014)是话题结构生成的语义/语用允准的代表,他们发现话题结构句法研究存在许多问题,尤其是主宾不对称现象和空位的性质问题,因此提出了语义/语用研究路径。Hu 和 Pan (2000)、Pan 和 Hu (2002, 2008)首先提出了话题允准的语义交集条件,陆烁、潘海华(2014)在此基础上又提出了最可能解读项条件作为话题允准的补充条件。

3.2.1 语义交集条件

Hu 和 Pan(2000)指出,主宾不对称效应之所以有时强、有时弱、有时完全消失,是因为主宾不对称是语用本质,而非句法本质,因为句法限制是不会被语境因素压倒的,语用因素能够取消主宾不对称现象,空主语和空宾语都是空代词。Hu 和 Pan(2000)提出,黄正德的广义控制规则是语用规则,空位的存在和所指由其先行词的句法和语篇凸显决定,话题化空语类的解读不是由单一的句法限制决定的,而是由几个合并了句法、语义和语用因素语言限制决定,如下:

(26)修正的广义扩展规则(Revised General Control Rule,RGCR)

a. 如果空位是主语,与最近的主语链中心同指;如果没有主语链,就与最近的名词成分同指。

b. 如果空位是宾语,与最近的名词话题链的中心同指。

(27)语义相容条件(The Compatibility Condition,CC)

A 和 B 语义相容,当且仅当

a. A 和 B 有相容的生命特征。

b. A 和 B 句法、语义和语用上相容。

(28)常规解读规则(Default Interpretation Rule,DIR)

最后一个自由 NP 与最近的开放谓语同标。

(29)次范畴化限制(Subcategorization Constraint,SC)

谓语所有必要论元必须要实现。

以上这些因素互相竞争来决定话题化空位的解读,在优选论的基础上,Hu 和 Pan(2000)把以上因素排列顺序如下所示:

(30)CC >> DIR >> RGCR >> SC

以上各种因素排列对文献中的争议有一个较为妥善的解释,如(31)就可采用 RGCR 来解释,(31a)主语位置的空位与主语链的主句主语同标,(31b)宾语位置的空位与话题同标,但是又不能排除话题与主句主语的同标,该同标的接受程度具有边缘性,但也有可能性。RGCR 同样适用于(32a)。(32a)主语空位与主语同标,宾语空位与关系句的中心同标,而(32b)不可接受是因为语用条件违背了 CC,"娶"与男性语义不匹配,所以不可接受,CC 最具有优先解读权。最后,(33)CC 压倒 RGCR,空位宾语与主语同标,然后再适用 DIR,主语与话题同标:

(31)a. 张三$_i$,他$_i$ 说 e_i 没看见李四。

b. 张三$_i$,他$_i$ 说李四没看见 e_i。

(32)a. 李小姐$_i$ 找不到一个 e_i 可以嫁 e_j 的男人$_j$。

b. * 李小姐$_i$ 找不到一个 e_i 可以娶 e_j 的男人$_j$。

(33)a. 小明$_i$,他$_i$ 以为妈妈要责怪 e_i 了。

b. 那个年轻人$_i$,他$_i$ 一直以为没人敢管 e_i。

Pan 和 Hu(2002, 2008)驳斥了 Shi(2000)汉语中不存在悬垂话题的观点,提出话题或者是句法允准,或者是语义允准,并且对"有关性"进行了分解,对句法允准和语义允准的话题有了统一的解释,语义允准与句法允准并不矛盾，句法允准处于语义允准之下。语义空项发挥变量的作用，如果该变量与话题集合有交集的话，话题就能获得解读和允准。"有关性"条件分解为两个次条件：允准条件和解读条件，分别如下：

(34)a. 话题允准条件

话题被允准，当且仅当

①述题中的有变项 x，x 诱发出集合 Z，并且

②由此生成的集合 Z 当与话题指示的集合项 T 交集时不产生空集合项。

b. 话题解读条件

在结构 Σ=[TopP X [IP ...Y...]] 中，X 是话题，Y 是与 X 相关述题分句中的成分，如果 X 指示 Y 的特征或等同于 Y，X 就能够正确解读。

话题允准条件能够解释悬垂话题结构如"＊香蕉，水果最好吃"为什么不可接受，话题与变项生成的集合没有交集关系，变项生成的集合包括水果、啤酒、面包、香肠等，都与话题"香蕉"产生空交集，因此话题不能被述题允准。集合—成员关系不仅可以解释汉语式话题，也可以解释"张三，我认识"这样的移位生成的话题句，话题不能解读为框架或范围，但可以是单一成员的集合，述题部分空位宾语为变项生成"我认识"的集合，话题集合与变项集合的交集不是空的，所以该话题可以接受。话题解读和允准是一致的，话题解读条件表明，话题有两种被 Y 判断的方式，一是话题 X 指示 Y 的特征，二是 X 等同于 Y，前者是非空位的基础生成的话题，后者是有空位的移位生成的话题。

Hu 和 Pan(2000)、Pan 和 Hu(2002，2008)的语义/语用研究比较细致，提出的话题解读和允准条件对一些移位生成的反例具有较强的解释力和概括力，特别是悬垂话题，但是该研究路径并不是没

有问题，“有关性”条件并不能解释所有话题结构，尤其是领属话题的解释没有涉及，对于“张三，爸爸很有钱/＊张三，我看见爸爸了”这个经典例子，他们的解读条件和“有关性”的辩解都无能为力。胡旭辉(2009)指出，按照Pan和Hu(2002, 2008)的话题允准条件，“张三啊儿子很争气”中，“张三的儿子”诱发的集合Z包括“儿子、女儿等”，与“张三”所在的集合项T没有交集，因此该制约条件太强。同样，悬垂话题句“生物伦理学，我不是专家”中，述题诱发的集合Z都是“人”，而“生物伦理学”的集合项T没有“人”，Z和T之间没有交集。正如杨小龙、吴义诚(2015)指出，Pan和Hu(2002, 2008)的两个条件不能涵盖只有语用关联的话题句，如“那场比赛啊，全国球迷都疯了一样”。我们发现该类述题中的变项不好确定，即使有变项，对于诱发集合的认知机制是什么？Hu和Pan(2000)、Pan和Hu(2002, 2008)的研究思路非常正确，描写非常充分，但需要进一步细化诱发机制。

3.2.2　最可能解读项条件

陆烁、潘海华(2014)在Pan和Hu(2002, 2008)的基础上探讨了领属话题结构生成的条件。他们把领属话题分为三类：临时领属关系(如小张的书)、整体部分领属关系(如大象的鼻子)、亲属称谓(如小张的爸爸)。第一种关系为可分离关系，后两种都属于不可分离关系，前两类呈现主宾不对称现象，第三类普遍不允许分裂话题化，比如“？张三，爸爸很有钱”这样的句子即使处于主语位置的话题化也不容易接受。根据陆烁、潘海华(2014)的概括，第三类违反孤岛条件，但孤岛条件不能解释“张三，我听说爸爸很有钱”的可接受性，第一、二类领属话题的话题化并不都遵守广义控制规则，宾语位置有时也可话题化，特别是整体部分关系的第二类领属关系，如：

(35) a. 电视，小张搞丢了遥控。

b. 大象，我听说鼻子很长。

排除了孤岛条件广义控制规则的有效性，陆烁、潘海华（2014）还认为，Pan 和 Hu（2002，2008）语义交集条件是领属话题允准的必要但不充分条件，交集条件能够解释“张三，电脑送去修了”，“张三”是“电脑”领属“李四、张三、王五……”的子集，所以是合格的话题结构，而“＊张三，我不喜欢电脑”之所以不能正常提取话题，是因为“电脑”失去了清晰的领有者空位，独自在“我不喜欢电脑”中获得解读，“张三”无法与之产生交集。

语义交集条件不能解决所有问题，满足交集条件也未必能够话题化。陆烁、潘海华（2014）提出了补充条件“最可能解读项条件”，即话题必须是距离述题空位最近的可解读单位。最可能解读项条件如下（2014：22）：

(36) 在话题结构“$\alpha_1 \ldots \beta \ldots (e_1)\ \gamma \cdots$”中，话题 α 是述题中领属语义空位 e_i 的最可能解读项，且仅当：

a. α 和 γ 可以构成满足语言环境的领属关系，且

b. α 和 γ 之间不存在成分 β，与 α 同样或更可能被解读为 γ 的领有者。

根据陆烁、潘海华（2014）领属话题允准条件，是否存在话题和空位之间的干扰项是决定话题化的条件，如“＊张三，我看见爸爸了”，“我”优先与“爸爸”关联，就成为话题和“爸爸”之间的干扰项，而“电视，小张搞丢了遥控器”，主语“小张”不会成为干扰项，所以可以话题化。

笔者认为，陆烁、潘海华（2014）对于领属话题结构的解释力较强，但对于其他类型的话题结构没有探讨，他们的最可能解读条件能否扩大而达到解释其他话题结构的生成呢？另外，他们的话题允准条件也有例外情况，如温宾利、田启林（2011：332）提出的违反广义控制理论的例子，这些例子也没有干扰项，为什么不能被接受呢？

做到完全解读可能还要受其他因素制约。

(37)a. *张三女朋友啊,爸爸杀了很多人。

b. *张三啊,这种行为践踏了我的尊严。

3.3 认知语言学研究

相对话题结构的生成语法研究和语义/语用研究,话题结构认知研究的争议较少,采用的认知理论主要有两种:认知语法的认知参照点理论和焦点的激活扩散理论。

3.3.1 认知参照点

话题结构生成的认知语言学研究相对较少,主要使用的语法理论之一是Langacker(1987, 1991, 1993)认知语法中的认知参照点(reference point)观点,代表研究人员有文旭(2005)、邓玲(2007)、胡旭辉(2009)、Liu Linjun(2009)、潘珣祎(2010)、钟书能和李英垣(2013)等。根据参照点观点,人们习惯于通过熟悉的实体(参照点)与另一个实体(目标)产生心理接触。话题是主观参照点,用来与另一个实体确定心理接触,另一个实体就是述题,述题作为命题是话题知识领域(dominion)的认知目标(target),述题本身有自己的射体(trajector)和界标(landmark),也就是说,话题结构是认知参照点结构,处理者通过参照点实现与认知目标的心理接触。

参照点理论能够较好地解释主语和话题的区别,主语和话题都是参照点,但主语的参照点是根据动词关系建立起来的,而话题参照点是根据整个小句的命题建立起来的。根据文旭(2005)和潘珣祎(2010),参照点理论还能够解释左偏置话题结构和话题化结构的区别，二者有不同的认知图式，左偏置话题一直发挥参照点的作用，话题与述题中的射体或界标相关，即话题与述题在知识域相对独立又相互关联；而话题化结构中，话题不但承担参照点的作用，而且在述题中还承担射体或界标的作用，即话题在知识域中承担双重认知角色。

潘珣祎(2010)指出，左偏置话题与述题主语关联占据 80.3%，与述题宾语关联只占 12%，话题化话题与述题主语关联占据 77.2%，与述题宾语关联占 22.8%。左偏置话题结构和话题化结构的认知过程能够解释话题与述题中主语关联的频率大大高于宾语关联的频率这一现象，话题与主语都是图形，处理者关联二者所需的认知努力就少；而宾语为背景，与话题的图形具有矛盾的性质，关联图形和话题两个矛盾的角色所需的认知努力更大。

文旭(2005)、潘珣祎(2010)认为，左偏置话题结构和话题化结构是人们对情景的不同识解方式。笔者同意参照点理论能对各类话题结构进行统一解释，从认知的角度进行宏观的解释没有问题，但参照点理论并没有真正区分两类话题结构，没有揭示复指代词隐现的规律，只是比较笼统地从认知语法的角度阐释了话题结构的本质，对于话题结构生成的限制没有讨论。

胡旭辉(2009)是认知参照点观点下最为具体的研究，提出了话题结构的具体制约条件(2009:64)：

(38)话题结构的总体许可条件：

话题必须与述题小句中的某个论元存在领属关系，从而确立话题与述题小句的参照点关系。

胡旭辉(2009)把抽象的领属关系话题划分为三类具体的领属关系：话题与述题小句中的某个论元是原型领属关系，话题与述题小句中的某个论元是自我领属关系，话题与述题小句中的某个论元是方位领属关系。原型领属关系又分为拥有关系、血缘关系和整体部分关系，分别如(39a，b，c)所示。自我领属关系和方位领属关系分别如(40)和(41)所示：

(39)a. 我头痛。

b. 张三啊，儿子很争气。

c. 这棵树叶子很大。

(40)a. 小明，我认识他。

b. 小明，我认识。

(41)a. 这个操场，每天很多人打篮球。

b. 生物伦理学，我不是专家。

胡旭辉(2009)认为，比较有争议的悬垂话题结构可以用整体部分关系来解释。以下例子中，"水果"与"香蕉"为整体部分关系，"大鱼"和"小鱼"为修辞手法，也是"他们"的一部分，"纽约"是"纽约物价"的省略，与"物价"是部分整体关系，"一斤"是"一斤豆子"的省略，与"这种豆子"也是部分整体关系：

(42)a. 水果，我最喜欢吃香蕉。

b. 他们，大鱼吃小鱼。

c. 物价，纽约最贵。

d. 这种豆子，一斤三十块钱。

且不论胡旭辉(2009)的领属关系是否能够包括所有的话题结构，如表示时间的话题就没有涉及，即使是领属关系，其分类也不够细致，如可分离领属关系和不可分离领属关系在话题提取方面的表现有很大不同。另外，"生物伦理学，我不是专家"中背景话题作为领属关系也令人质疑，句中没有出现的领属关系归结为语用推理的做法也难以接受，如"那场火，幸亏是消防队员来得快"，就要补充出关于那场火的分句，如"否则会烧死很多人"。

笔者认为，发挥参照点功能未必只能是话题与述题中的论元具备领属关系，把话题与述题之间的"相关"归结为领属过于简单。

总之，笔者赞同参照点有较强的解释力，但话题认知研究其话题的允准限制过于宽泛，远没有生成语法和语义/语用研究细致、具体，具有可操作性。认知研究能够解释可以接受的句子，但对于一些反例就会束手无策，如生成语法领域中探讨的主宾不对称现象。

3.3.2　激活扩散模型

张敏(2009)把生成语法领域中话题结构的生成研究作了较好的综述，并且观察到违反局域条件限制的实例都涉及所提取结构的焦点设置，进一步从认知处理的角度提出，“注意”和提取之间的关系可以度量，无论是遵守邻接条件的实例还是违反邻接条件但合法的实例都可以在认知心理学的激活扩散模型下得到统一的解释，它们的合法生成都与相关成分的激活状态有关。张敏(2009)话题提取的条件如下：

(43)a. 目标位置上的被提取成分与提取所在结构必须同时处于激活状态。

b. 被提取成分必须具有较高的潜在话题性，提取所在结构应具有较低的潜在话题性和较高的焦点性。

c. 邻接条件通盘作用于汉语的话题提取。

d. 违例提取的必要条件是对提取所在结构的额外激活。

根据张敏(2009)，遵守邻接条件反映了结构管道激活扩散的限制，由于下行激活的局限性，话题的激活传达的范围只局限于局部域，如“这本书我很喜欢”就满足局部域激活而自动处理，而违背局部域条件的违例提取就必须有额外激活的聚焦激活，获得聚焦激活的途径有：

(44)a. 自然焦点落在提取所在结构上；

b. 额外的对比焦点加诸某个本身的激活可扩散至提取所

在结构的节点；

c. 降低提取所在结构的固着度(亦即提升其固有焦点性)；

d. 特定的话语背景使提取所在结构得益于聚焦激活或汇聚激活。

聚焦激活的途径能够很好地解释话题提取的一些反例，结构管道的扩散式激活无法到达时，能否聚焦激活是句子是否合法的关键，如例(45)中，焦点敏感算子“只”使“e_i 后脑勺”带上对比焦点，聚焦激活成功；同样，否定也增加了话题提取的可接受性，提取结构带有额外焦点。

(45)a. *张三$_i$，我看见了 e_i 后脑勺。

a'. 张三$_i$，我只看见了 e_i 后脑勺。

b. *这种书$_i$ 我见过买 e_i 的人。

b'. 这种书$_i$ 我没见过买 e_i 不起的人。

聚焦激活的途径有很多，张敏(2009)采用不同的聚焦激活方法解决许多争议问题，其中还包括认知语言学中的脚本理论或框架理论，(46)中的脚本是剥皮为了吃水果，所以吃皮就无法激活脚本；同理，(47b)之所以容易接受是因为符合“女孩见男朋友的父母”这一脚本，因此产生脚本效应。

(46)a. 橘子，我剥了皮了。

b. *橘子，我吃了皮了。

(47)a. *张三，我看见爸爸了。

b. 我男朋友，我已经见过父母了。

可以看出，张敏(2009)承认话题提取的弱孤岛条件限制，话题能否提取成功的关键是焦点激活，只要满足焦点性和话题性的要求，即便违背局域条件也能话题提取。张敏(2009)焦点激活的认知研究要比参照点认知研究具有较大的可操作性，解释力也比较强，焦点是信息结构的重要组成部分，以焦点作为话题提取的关键抓住了问题的实质，因为话题结构就是信息结构。但焦点扩散模型也存在一些缺陷：一是焦点激活的方法没有系统研究，出现例外就要有对应的解释，没有对焦点激活的方法穷尽化，且焦点激活的量度也没有精确化，焦点激活主观性较强；二是焦点激活是不是唯一影响话题提取的因素？焦点激活不能很好地解释主宾不对称现象。

3.4 功能主义研究

功能主义研究与形式句法研究相对，生成语法的话题移位生成观点认为话题是衍生成分，先有述题，然后从述题移出成分成为话题；而功能主义话题研究则认为话题句为基本句，按照句子构成的先后顺序，先有话题，然后再有述题。话题的功能主义研究的代表杉村博文(2005)认为，话题和述题必须在语义上相关，可视为遵守会话合作原则(Cooperative Principle)，人们能够凭借自己对世界的知识和推论能力在话题和述题之间找出语义联系，话题来源于上下文/语言环境，述题来源于被话题激活的一系列知识。杉村博文(2005)把移位派生的话题研究假设称为"结构派生模式(structural derivative model)"，把话题激活研究称为"语义综合模式(semantic synthesis model)"。

语义综合模式的信息处理中，话题激活述题称之为启动效应(priming effect)，即时处理信息时，话题充当起爆剂(priming)，述题来源于被话题激活的一系列知识，述题处于话题的认知框架之中。最容易出现在话题认知框架的是与话题搭配的动作行为和性质状态，所以话题经常是述题成分的配项，话题是述题谓语的论元和论元领属成分，即与话题同指的空位或复指成分，(48)之所以是合格的话题结构，就在于述题在话题的认知框架当中，"会议经费"是"打了报告”的配项：

(48)会议经费张主任已经打了报告。 (杉村博文,2005：112)

对于没有句法或语义空位的话题结构，也就是汉语式话题结构，杉村博文(2005)认为人们凭借世界知识通过意译(paraphrase)或推论把话题与述题联系起来，如下：

(49)a. 这件事，他还是违背了老人家的意愿。

b. 今天的事他真是丧了天良。

(杉村博文,2005：112)

话题的功能主义研究与其认知研究有很多共同之处，话题提供的认知框架以及激活述题的方式都没有认知研究路径更加清晰，但功能主义话题研究作为形式主义话题研究的反面而存在，对话题本质的探讨也有很大的意义。

3.5 本章小结

本章评述了话题结构研究的四个研究路径，四个研究路径分别为生成语法研究、语义/语用研究、认知研究和功能主义研究，研究的焦点是话题结构的生成机制。生成语法研究争议的问题是话题结构生成是否受局域条件限制，基础生成和移位生成的两种观点相持不下，无论是持哪种观点都存在反例。生成语法又在最简方案的理论框架下把基础生成和移位生成统一在语段操作之下，然而，句法操作手段发生了变化，但允准条件限制仍然过强，排除了一些可以接受的句子。语义/语用研究路径坚持话题的语义允准而非句法允准，语义允准条件多种、具体，该研究路径对“有关性”的语义分解最为细致，操作性强，但是语义允准条件也并不能解释所有话题结构，尤其一些汉语式话题结构。认知研究路径和功能主义研究路径总体来说又过于笼统，对于一些不可接受的话题结构解释力不够。因此，我们要重新建立一个解释力更强的理论框架，话题结构生成不仅与句法有关，也与语义/语用有关，话题结构是句法—语义—语用界面现象，对它的研究也要从句法—语义—语用界面入手。话题结构的构成不仅包括语言能力，也包括语言应用，与语法外因素的语言加工有关。

第4章　平行建构理论：句法—语义—语用界面

如何才能生成合法的句子是句法学家的核心任务，从第三章话题结构生成的文献综述可以看出，单纯的句法操作过于严谨，认知语法研究又过于笼统。句法学者们一直疑惑的问题包括：句法的本质是什么？哪些因素决定或影响句法表达？语法性和可接受性是什么关系？本章在比较两种理论的基础上，尝试整合建立一个解释力更强、也有一定预测力的综合理论，以期回答这些问题。

4.1　主流生成语法建构

生成语法作为语法理论在西方一直占据主流语法地位，其他语法理论大都在论证与生成语法的关系中确定各自的理论体系。但生成语法内部也不是铁板一块，存在不少分歧，尤其是关于语义在语法中的作用，20世纪60年代末和70年代就展开了一场“语言学战争”，主要有两派观点，以Chomsky(1965)领导的解释语义学(interpretive semantics)和以McCawley(1968)、Ross(1967)、Postal(1972)、Lakoff(1971)为代表的生成语义学(generative semantics)。解释语义学派坚持语言研究中句法的中心地位，句法具有生成性，语义起解释作用，生成语义学派坚持语义具有生成性，句法起解释作用;解释语义学认为句法有多层性(multi-stratality),如深层和表层结构,而生成语义学则要取消深层结构,只有表层结构,即表层语音形式。论战的结果以 Chomsky 的解释语义学胜利而告终,生成语义学暂时得到压制,转向认知语义学和认知语言学。Chomsky 承诺研究意义,但是并没有坚持下来,因此,许多学者背离了生成语法,他们不仅抛弃了生成语法的深层结构,还抛弃了生成语法的三大理论支柱:心智主义(mentalism)、内在性(innateness)、组合性(combinationality)。

20 世纪 80 年代以来,语义在语法中的作用问题,或者说句法与语义关系问题导致生成语法阵营进一步分化,形成了主流生成语法学派(mainstream generative grammar,MGG)和其他生成语法理论(alternative generative theories)。主流生成语法仍然是 Chomsky 高举大旗,其他生成语法理论包括 Pollard 和 Sag(1987, 1994)的中心语驱动短语语法(Head-driven Phrase Structure Grammar)、Bresnan(1982, 2001)的词汇—函项语法(Lexical-functional Grammar)以及 Fillmore(1988)、Goldberg(1995)的构式语法(Construction Grammar)等。Jackendoff 为代表的更简句法也属于其他生成语法理论领域。

主流生成语法发展历程发生了很多巨大变化,但其主要特征仍保持恒定。本节中我们首先基于 Jackendoff (2007a)、Culicover 和 Jackendoff (2005)解析主流生成语法建构,为主流生成语法与更简句法对比打下基础。Jackendoff(2007a: 26)指出,从整体上看,生成语法是正确的,除了几个基本的技术错误,如移位(Move α)、合并(merge)、投射(projection)等,这些技术错误地把生成语法与其他语法理论以及相邻领域割裂开来,使得生成语法滑到了认知科学的边缘,因此其科学性降低了。

4.1.1 句法中心主义

根据生成语法的模块理论(Modular Theory),语法由模块构成,包括句法模块、语义模块和音系模块。生成语法的句法中心主义(syntactocentric)是指句法是语言生成性的唯一来源,语言的生成能力来自语法的句法部分,即句法是生成性的。生成语法从标准理论到支约理论,再到最简方案,一直坚持句法中心的理论建构,所有的语言的组合性(combinatoriality)均来自句法。音系和语义是解释性的,其组合特性完全按照句法派生的方式来表征,从句法处得到解读。从句法到音系或语义有先后顺序,如果起始的句法树符合语法规则,所有从句法派生到音系和语义的派生步骤都是合法的,即句法的合法决定音系和语义的合法。

生成语法一直坚持界面一致性(Interface Uniformity)。所谓界面一致性,是指句法、语义一致性的原则,认为句法和语义之间有严格的一一对应关系。确切来说,句法位置决定动词的题元,语义论元是通过题元角色向句法位置投射。但是句法位置和语义论元之间并不能总是严格匹配,如 The door opened,为了达到句法—语义界面的一致性,主流生成语法引入和语义相匹配句法的"隐含层"(标准理论的D-结构,GB和MP的LF),隐含层通过派生和表层相联系。题元角色指派统一性假设认为句法位置和论元实现是一一对应关系,同样的题元角色在深层结构的位置相同(Baker, 1988)。隐性的句法层次通过移位或转换等操作联系表层结构,这样一来主流生成语法具有句法的多层性特征,多层性特征必然导致空语类等隐性成分的出现。

(1)界面一致性

句法和语义界面最大化简洁,因为意义直接投射到句法结构;句法和语义界面最大化统一,同样的意义总是投射到同样的结构。

4.1.2 基于派生的语法

推导是主流生成语法的主要形式手段。所谓推导,是指语言结构通过应用序列规则而构建,即后一条规则应用于前一条规则的输出部分,推导过程具有先后顺序。如在管约论模型中,句法部分包括短语结构规则和转换规则,短语结构规则和词库(lexicon)构成句法的基础部分,词库的词项插入(insert)短语结构的树形图而形成深层结构(D-结构),D-结构应用转换移位规则(Move α)推导出表层结构(S-结构),然后表层结构再通过语音规则推导出句子的语音,通过逻辑式推导出句子的语义形式,最后形成具体的语言形式。界面一致性促使主流生成语法采用中心语移位、VP壳、功能投射等技术手段,引入了句法的隐含层或底层,用来解释表层句法和语义之间的不匹配现象。

同理,在最简方案中句法部分分为词库和运算系统。在运算操作中,以经济性原则为指导,从词库选择(select)词汇项,词库插入X-结构图式当中,通过句法操作手段合并和移位循环(cyclically)方式或者递归(recursively)方式构建句子结构,然后分别输入语音形成语音形式(phonetic form, PF),输入语义形成逻辑形式(logic form, LF),从而取得与外部感觉和概念系统的联系。最简方案中的移位不像制约理论中的移位是为了得到格,而是为了特征核查(feature checking),核查语音表达式和逻辑表达式有没有冗余特征,按照完全解释原则(Full Interpretation Principle),全部语类特征进入语音表达式和逻辑表达式就会整合(converge),不能出现没有核查的特征,否则释出(spell-out)就要崩溃(crash)。

由此可见,生成语法的派生过程具有方向性,在如下的支约建构理论框架中，箭头所指的方向表明，句子建立从顶端开始，向下延伸在底端产生发音和意义，语法派生性与句法中心主义是一致的，语音和语义表达式从句法派生而来，附属于句法（图 4-1）：

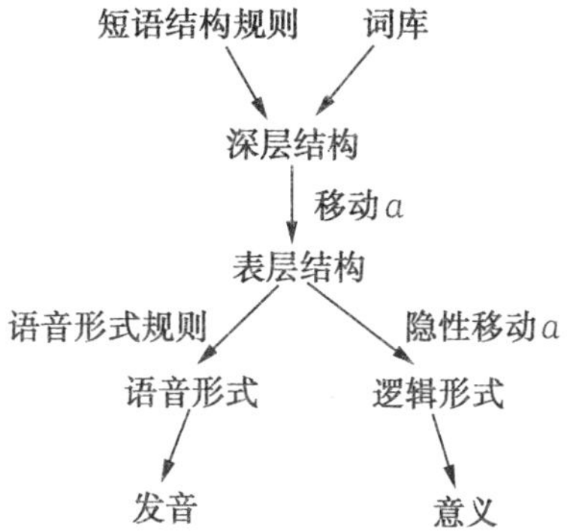

图 4-1　支约建构模型（Jackendoff，2007b：4）

4.1.3　严格区分的词库与语法

传统语法（如 Bloomfield，1933）把语言分为两部分：词库和语法。这种划分被生成语法采纳。生成语法严格区分词库和语法，采取“大词库，小规则”的道路，也就是词库非常庞大，而找出的语法规则是有限的。生成语法的发展不同阶段中，词库的内涵不同，在 GB 理论中，词库是谓词次范畴（subcategorization）规则的集合，在 MP 理论里，词库的各个词项是特征（feature）的集合。

生成语法的词库是为语法服务的，生成语法的任务是找出有限的语法规则。主流生成语法认为词汇是造成语言不规则（irregularity）的原因，Bloomfield（1933：274）提出“词汇是真正的语法附录，是基本不规则清单”，Chomsky（1965）在《句法理论面面观》中赞同 Bloomfield 的观点，提出句法中心论，语法规则编码所有规则，词汇在句法开始派生时嵌入句法树进入句子。Chomsky(1981)在《支约理论演讲集》中,对语法本身作了核心(core)规则和边缘(periphery)规则的区分,核心规则是普遍规则或参数化的规则,而边缘规则是标记性(marked)的、不符合核心规则的部分,语言理论解释不了的所有现象都可以归到边缘部分,所谓的边缘部分就是词汇部分。

词库部分非常庞大,但被生成语法忽略。主流生成语法对语言研究理想化为对核心规则的研究,在 Chomsky 看来,语言的内部结构是一种没有羡余成分的联系声音和意义的完美(perfect)和最佳(optimal)系统,普遍语法必然是完全符合经济原则的最佳系统,正如伽利略的宏观统一理论(Grand Unified Theory)一样能够解释物理学中所有相关现象。伽利略视角下的生成语法研究注重抽象理论的建构,忽视或无视有悖于理论的事实,不为干扰理论解释力的现象分散精力。生成语法忽视了词库结构,词汇处于树形结构的低端,被动地受句法规则的操作。"边缘"则成了一个垃圾场,语言理论解释不了的所有现象都可以往里倒。

4.2 平行建构理论

平行建构理论是从生成语法领域发展而来,Culicover 和 Jackendoff(2005)把生成语法理论分为主流生成语法派和其他生成语法派,平行建构理论介于二者之间,更接近于其他生成语法。Jackendoff 坚持生成语法基本思想和操作方法,其理论前提是 Chomsky 的模块论,语言分成句法、语义、音系模块,坚持形式化、内在性、普遍语法、语言习得机制假设,Jackendoff 的平行建构理论与生成语法一脉相承,都属于心智研究。

但 Jackendoff 理论又不同于 Chomsky 生成语法,Jackendoff 深

刻地认识到生成语法的不足，从 20 世纪 70 年代就致力于生成语法的修补和发展，发展出了一套以空间概念和认知为基础的概念语义学（Jackendoff, 1983, 1987, 1990）。Jackendoff（2002）、Culicover 和 Jackendoff（2005）提出了平行建构理论框架，发展了基于概念语义学的更简句法。生成语法的句法具有生成性，而平行建构理论的语义具有生成性。平行建构理论是在批判主流生成语法的基础上建立起来的，指出主流生成语法的许多缺陷，在许多方面都与主流生成语法针锋相对。

根据 Jackendoff（2007a），放弃句法中心模型而采取平行建构模型的原因主要有三条。首先，句法中心模型只是假设，没有人证明其正确性，音系结构和语义结构与句法并不都有关，句法推导出音系和语义的观点并不具备说服力。其次，句法中心模式并不遵守最简原则，句法中心模式坚持严格的句法/语义界面一致性，但语义结构比表层句法丰富，如何安放丰富的语义，句法必须足够丰富结构本身才可做到句法/语义之间的一一映射，因此，句法必须多层，句法结构中会存在一些隐含成分（如语迹）和句法操作（如移位），从深层通过移位到达表层。Culicover 和 Jackendoff（2005）就指出，隐含成分和句法操作增加了语法的复杂性，不符合奥格玛剃刀（Occam's Razor）原则①，句子结构是平面结构（flat structure），没有移位等隐含机制，句法和语义之间的映射可以用句法/语义界面来解释。最后，句法中心理论把语言学和其他认知科学分裂开来，因为该理论把语义放在边缘位置，而平行建构理论把语言结构和其他心智/大脑理论联系起来，概念语义就是心智的表征。

---

① 奥格玛剃刀是 14 世纪逻辑学家、圣方济各会修士奥格玛的威廉（William of Occam）提出的一个原理。该原理相当于经济学原则，两个处于竞争地位的理论能得出同样的结论，简单的那个更好，假设越少越好。奥格玛剃刀原则是句法学中衡量理论是否成功的重要标准，句法简洁性标准要求不要增加不必要的理论实体。

4.2.1 独立的语法构件

相对于主流生成语法的句法中心主义，更简句法摒弃了句法中心论，承认音系和语义自己独立的组合特性，不是被动由句法生成，形成句法、音系和语义三种结构平行建构的理论模式。每种结构都有自己的限制，因此语法组合性具有多重来源，这与主流生成句法中心论形成鲜明的对照，生成语法的组合性完全来自句法，音系和语义结构的组合性是从句法派生的。更简句法认为句法是单层的(monostratal)，句法只有一个层次，不存在深层隐性结构，只有语言的表层语音形式。因为句法单层性，更简句法中的句法结构表征不再遵守两分叉(binary branching)原则，句法结构变成了多分叉(multi-branching)的平面结构。

Jackendoff(2007a)指出，句法和音系之间以及句法和语义之间并不总是匹配，一个句法结构可以对应多个音系结构。从(2)可以看出，一个句法结构对应两个音系结构，可见音系结构并不依赖句法结构，并不是从句法派生而来，而是有自己独立的基本单位和组合原则，音系结构与句法结构一样具有生成性，有自己独立的构成规律。虽然音系结构其嵌入句缺少较高的递归性，但也具备层级性和生成性。句法结构(2a)和音系结构(2b, c)证明了句法中心主义的错误性。

(2) a. [Sesame Street] [is[a production [of [the Children's television Workshop]]]]

b. [Sesame Street is a production of] [the Children's Television Workshop]

c. [Sesame Street] [is a production] [of the Children's Television Workshop]

同样，语义结构也不是由句法结构派生而来，句子的意义不是由句法单位如动词短语、名词短语或介词短语构成，它有自己的基本语义单位，如个体、事件、时间、地点、特征、数量等，这些单位与句法单位不是一一对应关系，但也有自己的构成原则。主流生成语法坚持句法和语义的一致性，认为动词的题元与其句法位置之间是严格对应关系，为了保持这种一致性，主流生成语法提出了隐含成分，如空位，保证意义在句法上都有一个对应位置。但是句法和语义之间不是一对一的映射关系，并不是所有意义都可以映射到句法结构上，如(3)中(3b)回答在(3a)中找不到可以恢复的句法位置，(4)的交际过程中，(4b)隐含的言外之意在(4a)中就更找不到句法位置。语言中丰富语义、语用因素不能被编码成为合理的句法形式，没有深层结构位置，也没有句法推导能将之转换成句法结构。

(3)a. Would you like some pizza?

　　b. How about pepperoni?

(4)a. Would you mind opening the window?

　　b. Is the Pope Catholic?

平行架构理论框架下句法、语义、音系都是独立平行的语法构件，但是它们之间并不是没有联系，界面把各个构件联系在一起，平行建构理论模型如下(图 4-2)：

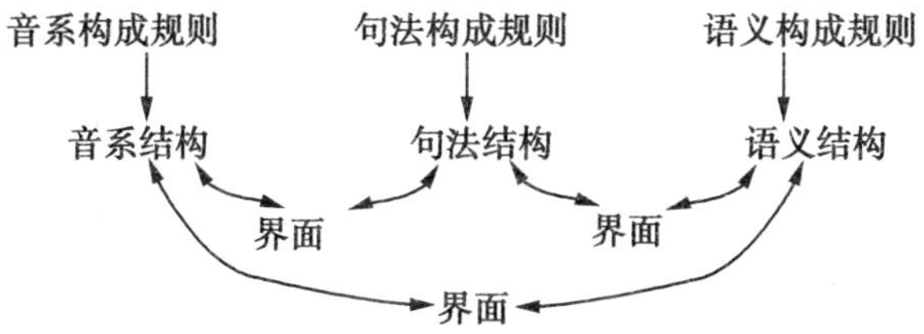

图 4-2　平行建构理论模型(Jackendoff, 2007a: 49)

4.2.2 基于限制的语法

平行建构理论的核心是更简句法，更简句法与更简方案都追求语法理论的简洁性。Culicover 和 Jackendoff(2005)认为，主流生成语法不够简洁，相对于主流生成语法的更简方案，提出了更简句法假设(Simpler Syntax Hypothesis)：最具解释力的句法理论应该是那种只保留在音系和意义之间进行调配所需的最简结构的句法理论(Culicover 和 Jackendoff，2005：88)。Culicover 和 Jackendoff(2005)反对语言"高贵的伽利略式"物理视角，采取"改进机式(tinker)"生物学视角，提出"工具箱假设"(Toolkit Hypothesis)："语言官能作为人类长期生物进化的结果，为人类提供了一套可以在历史进程中拼凑各种语言的工具箱。人类社会中的每一种语言，最终都是从这个工具箱中选择不同的工具，并将之规约化，构建音义之间特定的匹配(2005：5)。"更简句法提出句法/语义界面(interface)对语言中句法—语义不匹配现象(包括一对多、多对多)进行解释，包括那些没有句法位置对应的语义/语用因素。句子生成的大部分工作让语义、语用负责，复杂的句法推导就没有必要了，句法就简化了。

更简句法中，句法结构的形式化手段是准许(license)而不是句法推导。每一条限制(constraint)决定或准许一小块语言结构或结构间的关系，符合所有限制的结构就是可接受的合格结构。限制和限制之间没有逻辑顺序，不具有方向性，可以从任何地方开始语言结构的构建，融合(unification)是更简句法最基本的组合技术，即把具有不同来源且互不矛盾的信息组合起来，否则融合"失败"。

句法、语义和音系三种平行构件除了它们各自的限制外，语法中还包括许多用以决定平行构建之间是如何联系和匹配的其他限制条件，这些限制性条件被称为"界面(interface)成分"，界面把各个构件联系起来,决定各个构件之间的匹配。合格句子的生成要满足句法、语义和音系结构限制,以及构件之间界面条件的限制。对于什么是界面,更简句法把词汇看成是一种音系、句法和语义结构之间的界面片段(a piece of interface),同时嵌入三种结构中并且在它们之间建立起一种连接。

4.2.3　词库/语法无严格区分

Jackendoff(2007a)认为,词库和语法的区分是生成语法的一个大错误,词汇是连接句法、语义、音系结构的界面,也是语法规则的一部分,平行建构理论下各个部件限制和界面限制没有先后顺序。如果生成语法词汇嵌入句法生成深层结构,然后再解读音系和语义特征的观点是正确的话,就无法解释习语和其他非规范、非标准句法结构,它们构成句法难题(syntactic nuts),词库是语法不可分开的一部分,如(5)所示:

(5)a. kick the bucket

b. How about a cup of coffee?

主流生成语法对句法难题不作研究,只对理想化核心规则进行研究。Culicover 和 Jackendoff(2005)的更简句法更关注主流生成语法所解释不了的边缘现象,边缘现象可能比核心现象更能揭示语言本质。更简句法认为,从词汇(word)到规则(rule)构成是一种由边缘到核心的连续统,即词汇＜习语＜构式＜异化(specialized)的构式＜核心的句法原则,其中词汇最具个性化(the most idiosyncratic)。人类记忆中储存各种型号的语言表达,无论是核心现象还是边缘现象,都是普遍语法的一部分,受普遍语法限制。

Jackendoff(2007a)提出,核心语法和边缘语法的划分存在三个方面的问题:第一,巨大的数目和很高的使用频率表明习语和构式不是边缘语言现象；第二，核心现象和边缘现象之间没有明确的界限，完全规则的现象与特殊现象之间是一个连续体，一种语言中的规则现象也许在另一种语言中可能是部分规则；第三，一些习语和构式具有短语结构和论元结构，如习语 take NP for granted 像普通及物动词那样需要论元，这就表明所谓的边缘现象与核心现象没有那么大的区别。

句法中心建构中词汇是相对被动的，句法中心建构的语言能力孤立于语言应用；平行建构中词汇在决定句子结构中发挥积极作用，语言能力与语言应用紧密联系。平行建构理论与心理语言学的文献是一致的，因此打开了语言学与心理语言学之间对话的大门。

从以上讨论可以看出，更简句法与主流生成语法，即平行语法建构和句法中心建构之间的差异表现在三个方面：句法在语法中的地位不同，操作工具不同，词库的语法作用不同。在更简句法中，句法对语言现象的解释不再具有中心作用；句法结构由制约条件允准，而不是派生而来；不存在句法移位以及隐藏层面；词库作为界面与平行的句法结构、语义结构、音系结构共同构成语法。

Jackendoff（2007a：64-75）提出，平行建构理论可以代替 Chomsky 的正统思想，因为它从四个方面把语言学和其他认知科学整合起来：平行框架与心智/大脑建构具有一致性；平行建构与语言处理的逻辑方向是一致的；语义概念结构的提出；意义在语言进化的优先性。平行建构不仅从内部整合语言理论，确立音系、句法、语义和词库之间的合理关系，把语义从句法镣铐下解放出来，而且更全面地把语言理论与大脑和生物学整合起来，与心理学理论联系起来。语法的构成部件及各部件之间的界面问题不是语言学单独能完成的，而是需要总体整合其他认知领域。

4.2.4 概念语义

平行建构理论主要由两部分组成:更简句法和概念语义学(conceptual semantics)。更简句法减轻了句法负担,更多的句法解释放在了语义上。相对于真值(truth value)语义学,Jackendoff 提出了概念语义学。概念语义是基于认知的解释语义,目的是揭示人类概念的组合系统,其基本假设为语义学是心理学理论的一部分,语义学的研究目标是心智结构中的一种,即概念结构,概念结构是人类心智中的一种心理表达层面。真值条件语义学只关注世界本身,把语言与客观事件联系起来,意义与心智无关;而概念语义学是关于我们如何掌握和认识世界的,概念结构通过概念化方式对世界进行编码,它在很大程度上独立于语言,并在认识上先于语言。Jackendoff(1990, 1997)追随 Chomsky 的语言内在说,认为人的语言能力是内在的、天赋的,概念结构是对世界的反映,概念体系是存在于大脑中,是普遍的,与人的身体经验无关。

概念结构通过界面规则把语言结构和心智结构联系起来。句法形式是人类对现实概念化的反映,概念结构是句法有关的语义结构,决定句法结构形式的选择,构成句法—语义界面。概念语义学让我们认识到所指问题不是关于语言的问题,归根到底是关于感知和认知的问题,属于认知语言学领域的研究方法。"概念结构就是语言理论和认知理论之间的桥梁(周长银,2016: 434)。"

概念结构由很多因素构成,既包括语义因素,也包括语用、语境、信息结构、世界知识等因素。例如,概念结构是由概念成分组成的,它们属于不同的本体范畴,如事物(Thing)、情状(Situation)、事件(Event)、时间(Time)、地点(Place)、方向(Direction)、行为(Action)、特性(Property)、方式(Manner)、数量(Amount)等,句子概念是由一套有限的概念成分和有限的组合规则共同生成的，词汇概念结构和词汇规则解释语言的生成。句法成分(除了无内容的 it 和 there)都对应一个概念成分，但是并不是每个概念成分在句中都有一个对应的句法成分。与生成语法的普遍语法一样，概念元是人脑内在的、天生的，概念结构的表征必须是形式的。它们按一些运算规则生成概念结构，概念结构按一些投射规则生成句法结构。词项的概念也具有生成性，和句法一样不可能穷尽，也一定由有限的图式组成。

笔者认为，基于概念语义学论是现代版的解释语义学。

概念元表现在多种形式，Jackendoff(1990)采用语义联接项(functions)和论元(argument)作为概念元来描述事件或词项。例如：语义联接项 BE，STAY，GO，EXTEND 和 ORIENT 组织状态和事件并且编码处所、运动和方位，这些联接项都可以带两个论元：Be (客体，处所)，GO (客体，路径)，STAY (客体，处所)，ORIENT (客体，路径)，EXTEND (客体，路径)。另外，还有一联接项编码相对于参照物体的处所和路径，如 IN (X)，ON (X)，TO (X)，FROM (X)，TOWARD (X)，NEAR (X)等。例句 Bill went into the house 的事件表征为：[$_{Event}$ GO ([$_{Thing}$ BILL]，[$_{Path}$ TO ([$_{Pace}$ IN ([$_{Thing}$ HOUSE])])])]。Jackendoff(1990)还把致使概念分析成概念元“使”“让”“阻碍”“帮助”等(参见高秀雪，2013：4)。

Jackendoff 的概念结构分为几个层(tiers)，其中包括命题结构和信息结构，命题层的联接项—论元编码谁对谁做了什么、如何做、在哪里、什么时候。命题结构又分为主题层(thematic tier)和行为层(action tier)，信息结构编码话题、焦点和共同域(common ground)。语言学界已形成广泛共识，句子部分短语语义/语用是按照信息结构组织安排的，信息结构涉及焦点/预设、话题/评论、主位/述位、旧信息/新信息的区别。焦点和话题之间有重叠的地方，焦点对应于预设(包括话题)，话题对应于评论(包括焦点)，

Jackendoff(2002)采用共同域这个术语特指既不是话题也不是焦点的那部分信息。焦点是说话人假设不为听话人所知的信息(Jackendoff, 1972),在句中是必须的,话题和共同域是可选择的。焦点为语用上不可恢复信息,在听者心中为新信息(Lambrecht, 1994: 218)。在句中产生合适的焦点,或者说句子要具有信息性,是保证句子语法性的前提。没有焦点的句子一般是不恰当的、不可接受的。

4.3 长距离依赖关系

长距离填充物和空位(或代词)之间的依赖关系表现在多种结构当中,如 *wh*-疑问句、关系句、tough 句、话题句和左偏置结构等,分别如下:

(6) a. Who_i do you think that Mary saw e_i?

b. The person_i who_i you think that Mary saw e_i is Fred.

c. Ann_i, I think he likes e_i.

d. Ann_i, I think he likes her_i.

关于长距离依赖关系的本质,文献中主要从两个方向进行研究:一个是句法依赖关系,填充物和空位之间受孤岛条件限制;而另一个从语言加工的角度,认为长距离依赖关系取决于语言应用。

4.3.1 孤岛条件的性质

长距离依赖关系的成立表明它们基本上是自由的,而不合语法的长距离依赖关系是由于移位的外在限制决定的。Ross(1967)的孤岛条件限制是关于移位的纯句法操作,认为孤岛条件是强孤岛,排除一切违背复杂名词短语孤岛限制、左分支条件限制、附加语条件限制等结构，但是也有语言学家提出孤岛条件是弱孤岛，有时可以有成分移出孤岛。Chomsky(1986)提出语障理论，弱孤岛提取是一个梯度现象，如果移位跨越一个语障，句子轻度降级；如果跨越一个以上语障，句子就绝对不可接受。以上两种句法观点都存在问题，强孤岛提取理论限制过大，排除出过多反例，必须想办法扩大限制条件以容纳例外情况，这必然破坏句法理论的统一性，而弱孤岛提取理论限制又过宽，无法解释弱孤岛也受到严格限制，两种观点都不能解释不同的提取所受限制不同。

长距离依赖关系的纯句法操作受到Jackendoff平行建构理论的质疑。根据Culicover和Jackendoff(2005)，移位仅仅是一个"隐喻"，填充物和空位之间为间接允准关系，二者之间的约束关系不是由移位、复制、合并、删除等句法操作形成，而是通过连接成员和约束变项而产生链条，除了链条的产生，一切都是在语义和句法—语义界面完成，受语义限制。例如：Erteschik(1973)指出说话方式动词所在的长距离依赖关系句相对普通动词所在的长距离依赖关系句就比较难提取，如(7)所示，两个句子没有明显的句法差异，提取的可能性不同就在于动词的不同，(7a)属于"桥动词(bridging verb)"，允许提取，(7b)属于"非桥动词"，不允许提取：

(7) a. How many bottles of beer did Frank tell you/say to you that his guests drank?

b. * How many bottles of beer did Frank mumble/yell/groan to you that his guests drank?

Deane(1991)也认为，生成语法的句法独立性存在问题，提取不能采用纯句法解释，他把限制提取的句法和句法外因素归结为注意认知理论，即提取成分与提取母体空位都能吸引人的注意力时，提取才能成功。

涉及汉语话题结构，孤岛条件是否适用于汉语存在很多争论，孤岛条件有遵守的时候，也有违背的时候，所以，孤岛条件不是强孤岛，而是弱孤岛，弱孤岛也不是移位造成的，没有句法链条，只有痕迹(trace)，填充物和痕迹或空位之间有依赖关系，这种依赖关系是一种语义关系，如例(8)当中，填充物就不可恢复到句法位置当中，从而证明弱孤岛条件的语义限制：

(8) a. 那个花园$_i$ 我们已经种上 e_j 了。(Xu & Langendoen, 1985)

b. 这件事，你做主。(Huang, 1989)

为了给英语式话题结构和汉语式话题结构作统一解释，笔者倾向话题的基础生成说，这也符合人类认知一致性，话题是话语的起点，而不是先有评论，才有话题，这与功能主义的观点相一致。

4.3.2　语言加工

平行建构理论的研究目标不仅是针对语言能力，具有相对主流生成语法的理论优势，而且对语言应用，即语言加工有很大的启发，把语言理论与语言加工理论联系起来。语言加工理论必须要解释语言感知过程中语言使用者如何把声音转换成意义，解释语言产出过程中语言使用者如何把意义转换成声音，该理论要描写语言使用者的长期记忆材料和工作记忆材料。根据 Jackendoff(2007b)，好的语言理论要嵌入语言加工，语言理论描述语言能力，语言加工描述语言应用，语言理论和语言加工是不可分开的，语言理论如果放弃语言加工就切断了与有价值的语料的联系，也切断了与认知科学之间的潜在联系，而语言加工理论总是隐性体现语言理论。

句法中心建构具有方向性，其逻辑方向始于句法，然后派生出音系结构和语义结构，方向表现为：声音＜＝音系＜＝句法＝＞意义，以句法为基础，向左派生出声音，向右派生出意义。语言加工的逻辑方向是双向的。语言感知的逻辑方向为从左到右，声音是起点，意义为终点，表现为：声音＝＞音系＝＞句法＝＞意义。语言合成的逻辑方向为从右到左，意义为起点，声音为终点，表现为：声音＜＝音系＜＝句法＜＝意义。可以看出，句法中心理论建构与语言加工的逻辑方向不一致，句法中心构建只是与部分语言感知和部分语言产出相似。说话人在产出句子时肯定不能先建立句子结构，然后插入词汇，最后发现意义；听话人感知句子时也不能先生成短语结构、语音结构和逻辑结构，然后再与语言输入匹配。而平行建构与语言处理的逻辑方向是一致的，平行建构的逻辑无方向性，声音和意义之间以及其他结构之间通过界面相联系，结构之间的关系也是双向的。

经典句法理论认为短语结构（层级结构）是人类语言的最基本结构，层级结构决定线性结构，线性结构是句法构型的副产品，层级结构在句法上更具有解释力；然而也有学者认为线性结构在决定语法现象的可接受性方面发挥中心作用，也就是语言加工因素决定句子的可接受性，如 Hsu 和 Hsieh（2013）指出句子的可接受性不仅依赖句法规则和理论，而且依赖语法外因素，如输入频率、加工的复杂度和语用语境，Culicover（2013）提出线性序列假设。线性序列假设是指语言的生成和理解都按照从左至右的序列依次进行处理，（9）中的话题化差异就在于语句的动态构建过程中，（9a）中的 himself 话题与主语 Mary 语义特征发生冲突，不可接受。（9b）中主语 John 与 himself 话题的语义特征吻合，可以接受。

（9）a. * Himself, Mary introduced t to John.

b. Himself, John introduced t to Mary.

语言加工因素制约是长距离依赖关系等复杂句的较好解释方法，可接受性具有等级性，对应于构型语法判断的非语法性、某种程度上的非语法性和不完全语法性。长距离依赖关系的解释可以移出语法本身领域之外，放在语言加工领域之内，句法结构复杂性不是由构型特定原则决定的，成分之间的依赖性计算与语言加工有关。例如：(10a)中的介词宾语 students 不能约束后面的照应词 each other，但(10a)可以接受，说明照应词的约束与句法无关，(10b)和(11a, b)不可接受表明介词 to 相对 about 具有层级优先性，并且照应语只能处于先行语之后，依赖关系的建立与概念结构和题元层级有关。

(10) a. I talked to the $students_i$ about each $other_i$.

b. * I talked about each $other_i$ to the $students_i$.

(11) a. * I talked to each $other_i$ about the $students_i$.

b. * I talked about the $students_i$ to each $other_i$.

4.4　句法—语义—语用界面

从主流生成语法和平行建构理论的对比来看，Jackendoff 平行建构理论比起主流生成语法更有说服力，因为它基于概念结构，具有认知基础，而主流生成语法常常被批评缺少经验基础，规则常具有特设性；平行建构理论与其他认知科学能够互相联系、互相证实，而主流生成语法与其他认知科学割裂开来。因此，平行建构理论是生成语法的新发展，弥补了生成语法缺少经验基础的缺陷，代表着语言认知研究的新方向。高秀雪、付天军(2012)提出，Jackendoff 平行建构理论形成了认知研究的新路径，理性主义的 Chomsky 生成语法、逻辑经验主义的 Jackendoff 平行建构理论、体验主义的 Lakoff 等的认知语言学形成语言认知研究的连续统，Jackendoff 平行建构理论是生成语言学和认知语言学之间的桥梁。

Jackendoff 对生成语法的认识是客观的，评价是中肯的，所建立的平行建构理论称得上是生成语法的新发展。尤其是界面理论把主流生成语法、更简句法和其他生成语法区分开来，对于移位、约束、控制等现象，不同流派有不同的看法，主流生成语法将之划归为句法范畴，为句法操作技术手段，其他生成语法把这些现象归为语义范畴，更简句法则认为它们是一种界面现象，界面现象就把语义和句法连接起来(高秀雪、杨连瑞，2014：19)。平行建构理论开拓了研究者的视野，是生成语法界一个全新的理论，为其他的心智研究者提供了一条可遵循的新的研究方法，但是作为一个语法理论，也存在一些问题，尤其是该理论对生成语法批评较多，但解决问题的方法较少，需要进一步完善。

"与 MGG 相比，更简句法最大的问题在于缺少理论上的概括性、系统性和预测性(周长银，2016：441)。"概念语义、语用和语言加工都可以包含在认知框架之下，平行建构理论采用"工具箱假设"，用到什么规则就从工具箱拿出来，但到底有哪些工具可用，用哪些工具也不得而知，规则的使用都比较笼统。相比较而言，MGG 坚持界面统一理论，具有理论上的高度概括性和较强的解释力，有经验上的预测力，认知语言学也具备较高的概括性，诸如"象似性"、原型理论、隐喻理论等认知理论能够解释较为广泛的语言现象。

高秀雪、杨连瑞(2014)指出，主流生成语法和平行建构理论都遵循"大词库，小规则"，追求语法理论的最简，主流生成语法忽视词库的作用，平行建构过于重视语义的作用，句法在语法建构中只起到使语义更精准的作用。既然是平行建构，句法和语义就是互补的。句法结构和语义结构都是独立的，概念结构向句法结构选择性映射，即部分概念结构实现为句法结构。简化句法是必要的，但不能简化到可有可无。Jackendoff 句法是简化了，但整个语法并没有简化，因为概念语义非常复杂，正因为如此，更简句法可操作性不强。

以上对平行建构理论的批评有一定的道理。平行建构理论没有生成语法的预测性,没有认知语法的概括性,但是好的语法一定要有高度预测性和概括性吗?平行建构理论只是一个指导原则,语言本身的复杂性不能用几条规则就可以准确计算,高度概括化或者产生很多例外情况,或者过于笼统,“工具箱假设”是人类认知进化的结果,要使更简句法具有可操作性,我们必须针对某个语言现象建立界面理论。

尽管不同的语言现象采用不同的界面理论,但是界面构成的范围是有限的。

笔者认为,概念结构为合适的界面,概念结构可以分为几个方面:

第一,事件结构是概念结构的最重要组成部分,是人类认知体验的概念化和图式化,在论元实现中起着主导作用,决定语法关系,决定语序及各个句子成分所受限制,事件结构的决定作用符合认知语言学的基本假设,即人类经验→概念化→图式化→语言形式。Goldberg(1995)认为,构式的中心意义来源于人类的基本经验。人们的具体经验千变万化,但是这些具体经验可以概括为有限的事件类型(event types)。

具体来说,事件结构是指事件发生的概念化,以动词编码为基础,再加上与事件相关的时间、地点、状态等特征。现代语言学对事件的研究始于 Vendler (1967)。他从时间结构特性的角度把动词分为四类,即状态(states)、活动(activities)、完结(accomplishments)和达成(achievements)。这四种动词类型被称为四种事件结构,其特征分别如下,这样的划分也是句子语义类型的划分:

(12)a. 状态:[—终结性,—持续性,—动态性]

know, have, believe

b. 活动:[—终结性,+持续性,+动态性]

run, walk, push

c. 完结：[＋终结性，＋持续性，＋动态性]

paint, build, write, sell

d. 达成：[＋终结性，－持续性，＋动态性]

win, destroy, recognize, find

Levin 和 Rapoport(1988)等研究者一致认为事件并不是不可分的整体，具有内部结构，谓词的复杂性导致事件的复杂性。复杂事件通常可以分为一个外部事件和一个内部事件。例如，John sweeps the floor clean 由两个次事件构成，John sweeps the floor 为活动事件(activity)，具有致使性和施事性，通过添加具有终结性和状态改变性的结果次事件 the floor becoming clean 增容为完结事件(accomplishment)：[[Phil ACT <$_{\mathrm{SWEEP}}$> floor] CAUSE [BECOME [floor <CLEAN>]]]，两个次事件之间具有致使关系。以谓词为中心的复杂事件可以切分为不同的次事件，同样次事件也可通过某种方式组合成扩展单一事件(参见高秀雪，2015b)。Talmy(2000)还提出事件融合(event integration)理论，多个次事件在概念上融合为单一事件，融合事件为宏事件(macro event)，也称"事件复合体"(event complex)。

第二，概念结构除了包括事件结构这个语言相关的语义以外，词汇信息在句子意义组合中起着积极和必不可少的作用，词汇是句法—语义界面，不仅涉及动词，也涉及句中名词等其他成分，词汇的语义特征影响整个事件的表达。Jackendoff(2002)把句子各部分的构造过程称作"共组"(co-composition)，共组要求各个成分之间要有语义融合性(compatibility)。Jackendoff 借用了 Pustejovsky(1991，1995)的生成词库理论中物性的结构，把物性结构并入概念结构当中。Jackendoff(2002：369)认为，物性结构理论非常好地阐述了词汇概念，物性信息对概念组合起着关键性作用。

第三，语用因素在事件整合方面发挥重要作用，包括普遍概念信息、百科知识和语用信息等，其中信息结构属于概念结构的不同层面,涉及焦点、话题、背景等信息方面。Jackendoff(1983, 2002)认为,没有必要区分语义和语用这两类语义,语义和语用是分不开的,而是非常复杂地交织在一起,我们无法先表达语义,然后再表达语用。Haiman(1980),Langacker (1987),Taylor(1995)等也指出语言知识和语言外知识之间没有清晰的界限。Yoshimura 和 Taylor (2004)认为,世界知识不仅能够决定语言表达式的得体性,还能决定可解释性和语法性。Jackendoff 的平行建构理论没有太多涉及信息结构对句法结构的影响,但越来越多的语言学家达成共识,信息结构等语用因素构成句法—语用界面。

Goldberg(2001)也提出,论元的实现除了与构式和词汇语义有关以外,语篇因素的作用也不能忽视。句法结构可以通过语用推理和现实世界知识简化结构,如果论元从语篇中可以恢复就可以省略。Goldberg 指出,致使动词的受事论元并不总是句法实现,当动作受到强调时,受事论元就不能具有信息凸显性,可以省略,如 The tiger only kills at night。除了论元实现受信息结构影响以外,句子附加语也受影响。附加语作为句子的修饰语一般是可选择的,有时候信息结构的焦点要求使得附加语成为必需的成分。Goldberg 和 Ackerman(2001)指出,附加语是满足焦点需求的方法之一,如果附加语缺失,往往不可接受,如#The house was built,这时就必须采用其他方式替代满足焦点需求,如情态动词、强调等方法,如 The house was built last year/The house will be built/The house WAS built。焦点需求信息原则正如语用原则 Grice 的量准则(Grice, 1975)和 Horn 的关联原则(Horn, 1984)。

概念结构处于认知框架之下,各个因素相互作用制约着句子的生成,这些因素相互作用影响语言加工的进度,导致对可接受性判断的梯度性,满足的条件越多,句子就越容易被接受。单纯句法无法解决所有问题,语法选择最终落脚于认知,认知就必须包括语义和语用,当然,受语义和语用因素制约的同时也受语言系统内部制约，因此句法和语义互动影响研究是语法研究的必然道路。

概括来说，句子的生成不仅要受到句法、语义、音系规则的制约，还要受到界面规则的制约，除了这些语法因素制约以外，还受到非语法因素制约，例如语境、语篇、语言使用频率等，前者属于语言能力，后者属于语言应用。语言加工属于语言应用，但语法因素也影响语言加工，尤其是语法中的语义因素，因为语义和语用难以区别，也就可以说语言能力和语言应用也是不可严格区分的。本书中我们不涉及音系规则，建立起句法—语义—语用界面，语用部分既属于语法因素，也属于非语法因素，句法—语义—语用模型如下图所示（图 4-3）：

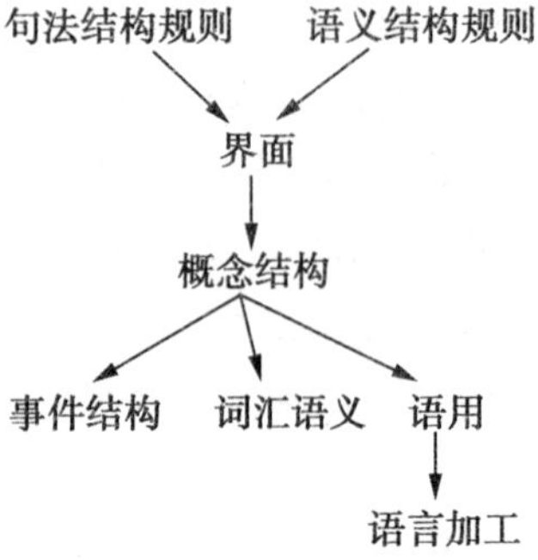

图 4-3 句法—语义—语用界面模型

事件结构也是逻辑命题结构，相对应的是句子基本结构“S→NP＋VP”，而本书研究的对象是话题结构“S→T（NP）＋C（NP＋VP）”。汉语话题结构为汉语基本结构，形成语法化的对话结构（discourse structure）。话题结构应该是最小的对话结构，话题向语篇拓展，就形成话题链，但是汉语作为话题突出的语言是相对英语等主语突出的语言，汉语话题结构多出现在口语中，所以汉语主谓事件结构仍然发挥重要作用。事件结构是对话结构的有机组成部分，必然发挥重要作用。英语话题仍然是事件结构的参与者，汉语话题结构要复杂得多,汉语话题与事件结构关系多样化,汉语话题除了事件参与者,还有事件的背景、框架等,但无论什么关系,话题的提取必然与说明的事件结构有着密切关系。语序与句法、语义、信息、认知密切相关。

4.5　本章小结

本章对比了主流生成语法和平行建构理论,认为平行建构理论更具有认知基础,做到了句法更简,把语言理论与语言应用结合起来,但也存在自身缺点,操作性和预测性不强,把解释的负担都放在语义上面,也使得语法整体比较复杂。为了建立可操作性的更简句法,我们在平行建构理论框架下设立了句法—语义—语用界面模型,句法、语义、语用因素,其中包括语言加工因素都对句子生成的可接受性起着限制作用,至于哪些因素在起作用要具体到不同的句式。

第5章 英语式话题结构界面研究

相对英语话题结构，汉语话题结构的话题和述题之间的关系较为松散。根据话题与述题之间“有关性”产生的来源，话题结构分为英语式话题结构和汉语式话题结构，前者话题与述题内的某个论元成分或空位之间有语义共指关系，述题部分中的某个论元如感事、目标、受事等有共指关系的成分最容易成为话题；后者话题与述题之间的关系非常松散，其语义关系除了与非论元或空位之间有语义共指关系以外，主要依赖环境和认知等非语言条件而建立，话题只为述题部分提供一个语域、语义相关性索引。本章在概念结构的理论框架下探讨英语式话题结构生成的限制条件，虽然我们称之为“英语式话题结构”，但与“英语话题结构”有很大的区别。英语话题可以恢复到述题部分的空位，述题部分不能独立存在，所以被认为是移位形成的；而有些汉语话题无法恢复到述题部分的空位，只是在语义上共指，述题部分可以独立存在。我们将分别探讨这些话题结构的形成过程，同时探讨话题化结构与左偏置话题结构的区别，找出复指代词出现的规律。

5.1 简单句的话题提取

英语式话题结构多种多样，各种语义成分都可以充当话题，但也有优先顺序。陈平(1994)指出,充任话题的语义角色优先序列为:系事>地点>工具>对象>感事>受事>施事。可以看出,施事和受事成为话题的可能性最低,也就是说,施事和受事话题化所受限制最多。为什么施事和受事不容易话题化?简单句中话题提取位置的主要是主语和宾语,这类话题句分布较为广泛,最为容易辨认,大多研究人员认为该类话题结构比较简单,尤其是从主语位置提取,因为汉语是主语脱落语言,但实际情况并非如此,语义角色和事件类型在话题化中发挥重要作用。本节尝试探讨主语和宾语提取话题结构的句法—语义—语用界面限制。

5.1.1　状态事件结构

简单句构成事件结构,事件结构要满足特定条件才可以与话题关联形成对话结构,因为从认知角度看,事件是一个完形。刘辰诞(2008)指出,SVO 结构具有边界性,从边界移出成分要受到限制,这种边界观点与生成语法的邻接条件和孤岛条件具有相似之处。孤岛条件有很多例外情况,完形理论也一样,完形无法对简单句 SVO 话题提取进行统一解释。事件结构是基本认知语义单位,简单句 SVO 从中话题提取成分应该都可以接受,但实际情况是并不是所有主语和宾语成分都可以提取。事件具有完形性,对话结构也具有完形性,要生成合格的话题结构就必须找出限制条件以满足话题与事件之间的相邻性或相似性。

根据 Deane(1991),只有提取成分与提取母体空位同时都能吸引人的注意力时,话题提取才能成功。作为事件的主要参与者,主语和宾语位置提取话题都满足这个条件,但是满足了该条件也未必成功提取,事件类型在话题提取中发挥重要作用。何种事件才可以实现参与者话题提取,或者说何种事件才可以对话题进行说明或评价？董秀芳(2006:83)指出："宾语提前的话题结构主要是用于交代背景性信息，不处于叙述主线上，其功能主要不是陈述事件(event)，而是描述状态(state)。"为了满足状态事件要求，话题结构中的动词或者是状态动词；或者虽然表示动作，但是会对宾语造成一种恒定的状态。说话人选择话题结构的目的是强调状态方面，而不是事件方面。因此，当出现陈述事件明确的时间词时，宾语不能提取为话题，如"＊昨天，自行车，我买了"。董秀芳所说的述题部分对话题的描述状态是对的，对话结构的确不是叙事事件，而是对话题的说明或评述，这种陈述同样适用于主语提前的话题结构，但是对于述题部分的事件性质，董秀芳的阐述太过笼统，述题部分的动作事件如何才能表述状态呢？

根据 Carlson(1977)，谓词按照时间属性分为两类：事件谓语(stage-level predicate)和属性谓语(individual-level predicate)(刘丹青，2002，所译术语)。前者为在时间轴上的非恒久状态的谓语，主要由行为动词担当；后者为描写属性、持久性和常态性的谓语，主要由形容词、名词或表语充当。刘丹青(2018)指出，话题结构的无标记语义匹配是惯常的行为或状态，述题最常见的谓语类型为属性谓语。

根据动词的体貌分类，动词类型分为状态动词和非状态动词，非状态动词又分为活动动词、达成动词和完结动词。状态事件最容易出现在对话结构的述题部分，状态动词本身就表示状态，表示相对静止，这类词通常只能用于非进行时，不可用于进行时，不可持续，无界性，典型状态动词有心理动词、存现动词、关系动词和形容词等，英汉语话题结构具有一致性，分别如下：

(1)a. 诗人，我最喜欢顾城。

b. 这样的事，居然还有许多。

c. 小珠儿啊，她是我的心。

d. 这件事，他很积极。

(2)a. Mary, John likes very much.

b. This course on discourse, I kind of enjoy.

非状态动词都具有动态性。该类事件更强调参与者在事件中的作用,尤其是施事者和受事者,施事是事件的主导,事件发生的起源,受事是事件的焦点信息,强调受影响和发生变化,如果二者话题提取后作为谈论或评论的对象,就与事件的语义角色发生矛盾。从语用功能上看,动作性较强的句子都不是话题—述题句,如"张三打李四",提取主语和宾语都不合适,如"＊张三,pro 打李四/＊李四,张三打"。

英语作为主语突出的语言,主语不能缺失,所以只有少数宾语提取的话题结构,动词一般是状态动词,而汉语作为话题突出的语言,主语和宾语都可以比较自由地脱落,不仅状态事件,非状态事件都能出现在话题结构当中,如下(3a-e)所示。当述题部分不能表示事件时,不可以出现在话题结构当中,文献中认为这些动词不允许宾语悬空。该限制通常被称作对介词悬空的禁止(prohibition against preposition stranding)。这类动词大多属于关系动词或形容词谓语,如(3f-h),这类动词不允许宾语脱落,宾语脱落后述题句不合语法。Xu 和 Langendoen(1985)提出话题句的句法限制:话题结构中的述题本身必须合乎语法。

(3)a. 这本书,我读过了。

b. 这种手段,他们运用得最为熟练。

c. 天上的事,他们管不到。

d. 历史,你没有办法改写。

e. 这个生命,刚刚好地改变了历史。

f. ＊乡下,这里属于。

g. ＊北京,她生于。

h. ＊市场经济,新政策繁荣了。(徐烈炯,2003:136)

非状态事件可以出现在话题结构当中，但必须满足一定的条件，也就是动作事件的状态化。事件状态化的过程是去及物化的过程，事件的及物性越强，动作性就越强；反之，状态性就越强。Hopper 和 Thompson(1980：252)概括了 10 个判断及物性高低的参数：参与者(participants)、动作性(kinesis)、体(aspect)、瞬时性(punctuality)、意愿性(volitionality)、肯定性(affirmation)、语气(mode)、施动性(agency)、宾语受影响程度(affectedness of object)和宾语个体化程度(individuation of object)。如果事件中有两个或多个参与者，表示有界的瞬时动作，且具肯定性、真实性，主语具有意愿性、施动性，而宾语完全受影响，具有区别性特征，该事件就是及物性高的事件；反之，则是及物性低的事件。即具备的条件越多，事件的及物性越高；反之，事件的及物性越低。

根据 Givón(2001:93)，典型及物事件中的施事为显著的致使者(causer)，具有意愿性、控制性、主动性、启动性、责任性，典型及物事件动词具有紧凑、完整、真实、认知凸显性，能够明显改变受事状态，成为受影响的致使对象(causee)；去及物结构削弱了事件的及物性：施事的施事性或致使性降低，受事的受影响性降低，动词的终结性或完成性降低，去及物性结构的事件性减弱，或具备非事件性。

英汉去及物化结构有多种类型，主动形式表示被动意义，可以称作受事主语句。英语去及物化结构主要有三种：中动结构(middle constructions)、作格结构(ergative constructions)和被中动结构(passival middles)，分别如下：

(4)a. The car drives easily.

b. The book sells well.

(5)a. Glass broke.

b. The window opened.

(6)a. The dishes are cooking.

b. The houses are building.

汉语受事主语句类型更加丰富，主要包括“V-起来”典型中动结构、作格结构、意念被动句等，分别如下：

(7)a. 这辆车修理起来很容易。

b. 这本书读起来很容易。

(8)a. 门开了。

b. 船沉了。

(9)a. 桌子摆整齐了。

b. 手帕哭湿了。

受事主语句的多产性在英汉语中具有显著差别，英语受事主语句是标记性句子，而汉语受事主语句是非标记句子。根据 Chao(1968)，汉语中 50%的主谓语句都是非施事主语结构，其中受事主语句占据很大比例；根据 Tao 和 Thompson(1994)，现代汉语会话中频率最高的结构是 X+V 的单一论元句，占据所有句子的 61%，X+V 结构主要有两类：X 是施事或客体，施事类占 58%，而受事主语句占 42%。刘晓林(2011)提出，去及物化结构的宾语非常自由地移到句首成为话题，促进了汉语话题凸显的特征。

根据刘晓林、曾成明(2011)的语义自足观点，语义自足化可以用来衡量词类独立表义的强弱。不及物动词的语义自足高于及物动词，及物事件必须依赖动作的对象构成完整事件，所以及物动词必须有宾语，而不及物事件动词独立构成事件。从语言类型学角度，汉语具备哪些特征使得去及物化比较容易？或者说如何使得动作性事件状态化？

5.1.2　事件状态化

话题结构和受事主语句的成立条件是一致的。

首先，谓语结构的复杂性有助于及物动词的语义自足和动性弱化，如英语中动结构必须有附加语，如 well，easily，poorly 等，附加语使得谓词复杂化，复杂的谓语与受事主语之间紧密度变得松散，也就是说复杂谓词降低了动词对受事主语的依赖程度，动词的自足性增强，整个结构就变得更加状态化，谓词复杂化是去及物化的一种手段。徐盛桓(2002)提出，在英语中动句的受事主语句法框架内，状语同谓语动词之间语义数量特征的不相容性销蚀了动词的动作性，使句子弱化为对状态的表述，而状语作为量性成分又使谓语动词有界化，从而保证了结构的语法性。例如：

(10)a. The floor waxes easily.

b. The book sells well.

再如汉语意念被动句，意念被动句带有各种补语，如结果、地点、时间、方位等，去掉这些补语，句子就不可接受，如下：

(11)a. 桌子摆整齐了。 (结果补语)

b. 命运掌握在自己手里。 (地点补语)

c. 这本书写于上世纪末。 (时间补语)

d. 这辆车造出来了。 (方位补语)

汉语话题结构的谓语结构的复杂性具体表现为：活动动词的动作性最强，应该最不容易出现在话题结构当中，如(12)所示，活动事件具有非终结性，强调动作的延续：

(12)a. *张三，(他)喝酒。

b. *张三，(他)打球。

c. *足球，小张踢了。

d. ？那本书，小张读了。

事件类型并不只依赖动词的分类，还有其他因素在起作用，如宾语或其他修饰语(Verkuyl，1972，1993)。终结性和非终结性的区分是词汇体研究的核心问题，该体特征与论元实现有密切关系，终结性不能只依赖动词，更多的研究表明终结性是由整个谓语中的成分来决定的，宾语、谓语中其他成分如状语等都可能影响到终结性，如(13)所示：

(13) a. Bill wrote letters.　(非终结)
b. Bill wrote the letter.　(终结)
c. John ran.　(非终结)
d. John ran to the store.　(终结)
e. Taylor ate at the apricot.　(非终结)
f. Taylor ate the apricot.　(终结)

事件的状态性要求事件具有终结性或者具有持续性，所以添加了相应的状语或补语使得谓语复杂化，复杂化谓语中的状语或补语分担了焦点，事件的动作性减弱，整个事件趋向于状态。状语和补语类型多种多样，其中状态补语的评价性更适于述题对话题的评价，状态补语是汉语自然焦点后置特点的集中表现，如：

(14) a. 张三，(他)喝酒喝了一上午。　(数量补语)
b. 张三，(他)一直在打球。　(方式状语)
c. 足球，小张踢得很好。　(状态补语)
d. 那本书，小张早就读了。　(时间状语)
e. 那幅画，摘下来了。　(趋向补语)
f. 这些内容，组织得很好。　(状态补语)
g. 这扇门，张三踢得支离破碎。　(状态补语)

其次，谓词的复杂性还表现在体貌标记的添加，体貌标记可增加动词状态化，降低动词的及物性，为去及物化结构作好了准备。汉语拥有丰富的体貌，是体貌(aspect)凸显语言，而英语是时态(tense)凸显语言(尚新，2004)，如汉语体貌标记“着”“了”“过”“正在”“来”等等，中动结构的“-起来”是其中的一个表示评价性的体貌标记。刘晓林、曾成明(2011:15)也指出，“着”“了”“过”三个体标记均能使动词不同程度地去及物化，实现语义自足。如下：

(15)a. 那个报告，老板批准了。

b. 北京，我去年去过。

c. 这本书，我小时候读过。

d. 肉，在锅里炖着。

关于“了”的状态用法，文献中有一定的争议。董秀芳(2013)就认为“了”和“过”是两种不同的体貌标记，“了”表示“事件”而“过”表示“状态”，“了”出现在事件性较强的结构中也不能接受，如(16)所示，其不可接受性并不是因为“生命度高的名词性成分不容易话题化，而生命度低的成分容易话题化”的结论，(17)中的例子证明话题结构的合格与否不与话题的生命度有关，而是与述题的事件状态有关。

(16)a. *张三，李四打了。

b. *我们家的那只鸡，邻居家的狗咬了。

c. *那个学生，老师批评了。

(17)a. 张三，大家都喜欢。

b. 用功的学生，做老师的都喜欢。

相对于词汇的体貌分类，“了”作为体貌特征是指语法意义。对于“了”的语法意义，语法学家倾向于分为“$了_1$”和“$了_2$”，“$了_1$”为动态助词，出现在动词和名词之间，为词尾“了”，表示动作或状态的完成或实现；“$了_2$”为句尾“了”，表示变化或语气。研究人员对“$了_2$”的用法较少争议，对于“$了_1$”的用法争议较大，有完成体的标志观点、实现体的标志观点和中止体标准观点等，如吕叔湘(1980)的完成说，刘勋宁(1988)的实现说，Li 和 Thompson(1981)、Smith(1997)认为动态助词“了”是完成体标记，Smith(1997)还指出当句子描写无界事件时，“了”表示中止，当句子描写有界事件时，“了”表示完成。

笔者赞同“$了_1$”本身并不表示完成、实现或中止等意义，而是与动词一起决定事件的类型。“了”无论哪种语法意义都隐含了“变化”,表示事件进入一个新的状态或动作,这也是为什么加上“了”容易话题化的原因。“了$_1$”用在无界事件后表示动作的终止,活动动词的动作性较强,具有无界性,添加“了”以后也就是表示动作发生变化,并没有表示结果的状态,不容易话题提取,如果活动动词变成完结或达成动词,话题提取就容易接受。

(18)a. *我们家的那只鸡,邻居家的狗咬了。

b. 我们家的那只鸡,邻居家的狗咬死了。

(19)a. ? *桌子,擦了。

b. 桌子,擦干净了。

(20)a. ? 那幅画,他挂了上去。

b. 那幅画,他挂上去了。

(18)和(19)中的活动动词变成达成动词后句子的接受程度大大提高,因为动作终止变成了结果,状态性增加,(20a)可接受性不高,“挂了上去”表示动作,“了”只是表示中止,(20b)“挂上去了”表示结果,方位标记词“上去”使得动作具有了结果。同样,一些完结动词并不一定表示完成,所以没有内在的终点,如(21)中,我写了信,但未必写完,(22)中他们盖了房子,但不一定盖好,如果变成具有结果的完结动词,也可以话题提取:

(21)a. ? *那封信,我写了。

b. 那封信,我写完了。

(22)a. ? *那座楼,他们盖了。

b. 那座楼,他们盖好了。

董秀芳(2006:85)也指出,如果动词短语对名词短语造成持久的影响,比如名词短语的状态完全消失或发生恒定性的改变,事件的状态性就可以用话题结构来表达。以下例子可接受性与“了”的存在密切相关:

(23) a. 那笔钱，我花了。(结果状态是：我现在已没有那笔钱了。)

b. 那盘剩菜，我扔了。(结果状态是：现在那盘剩菜已经不存在了。)

(董秀芳，2006:85)

能够带来状态变化的动词，说话人的主观判断起着重要作用，受影响的论元状态变化不仅包括物理变化、内在性变化，还包括心理变化，代表着说话人主观判断，(21a)和(22a)也有一定的可接受性，笔者认为这是因为写信和盖楼蕴含了信和楼房的状态变化，再如，动词“读”就蕴含了阅读页码的状态变化。总之，只要这些动词对动作对象产生心理影响，就可以接受，但可接受程度低于明显结果标记的动词。(24)中例子不可以接受的原因与生命度有关，述题事件中，主语 NP 优先解读为受事论元，也就是受事主语句，话题就没有与之共指的空代词，所以这样的话题结构经常难以接受，当有显性结果状态时，也可以接受，如(23a, b)所示。除了受话题的生命度影响以外，话题结构还与动词对对象的影响有关，(24c)可以接受，(24d)接受性就较差，明确的时间状语更强调了事件的动态性。

(24) a. *张三，李四打了。

b. ? *张三，李四打跑了。

c. ? 这本书，我读了。

d. *这本书，昨天，我读了。

f. 这本书，我读过了。

最后，陆俭明、沈阳(2003)和潘海华、梁昊(2002)指出光杆动词不能出现在受事主语句中，刘晓林、王文斌(2010)指出汉语各类动词的双音构造具有较强的去及物化功能，石毓智(2003)也指出受事主语的谓语必须是复杂的结果短语。英汉语有着不同的指示结果的方法，汉语倾向于采用结果复合词，而英语采用简单词，如英语用

kill 表示汉语的“杀死”。结果复合词（如骂哭、踢倒、逗乐、逼疯等）作为汉语独特的构词法使得事件具有状态性，因此，话题可以从宾语位置顺利提取。结果复合词相当于前面探讨的谓词复杂性的结果补语，如下所示：

(25)a. 那件衣服，我洗干净了。

b. 语言学课，我听烦了。

c. 那栋房子，张三跳塌了。

d. 嘴唇，她都说干了。

满足了以上三种事件状态化条件并不一定生成合格的话题结构，话题要满足指称要求，同时话题与述题及述题各成分之间要做到语义融合。话题具有明显的指称特点，“指称指词语在语句中跟现实世界或可能世界的联系”（徐烈炯、刘丹青，1998：161）。有定表示该词语跟听说双方都能确定的对象相联系，很多语言学家（如 Li 和 Thompson，1976；Chao，1968）把有定性作为话题成分的必有特征，话题是已知信息、旧信息，话题的有定性是人类语言中话题的普遍性现象，而 Tsao(1977)认为话题不是有定就是类指（generic）。徐烈炯（2003）指出，一个成分要充当话题，至少符合两个条件之一：话题定指或类指；话题表示对比、强调。笔者赞同话题的有定说和类指说，名词短语是否有定或类指与语言形式有关，也与语境有关，表面上的无定名词短语只要能有定或类指解读就可以作为话题，如“一本小说，封皮很重要”中，“一本小说”是无定成分，但可以理解为类指，所以就可以作话题，“研究生，我也想考”中，“研究生”是非指称成分，但可以理解为类指。

定指又分为近指和远指，指称对象相对于说话人而言在心理/物理上比较近，这个指称对象一般是近指，通常“近指”的名词短语包含“这”；指称对象在心理/物理上离说话人较远，该指称对象是“远指”，通常“远指”的名词短语包含“那”。李文山（2013）提出，指称的远近对合格话题结构的生成具有一定的影响，指称远近、事件类型和体貌“了”“过”之间存在匹配关系。首先创造类动词的事件，创造动词携带体标记“了”和“过”出现在宾语提前型话题句子中，无论话题是近指还是远指，句子都不可以接受，如下：

(26)a. ＃这枚图章我刻了。

b. ＃那枚图章我刻了。

c. ＃这幅山水画我画了。

d. ＃那幅山水画我画了。

(李文山，2013:77)

(27)a. ＃这枚图章我刻过。

b. ＃那枚图章我刻过。

c. ＃这幅山水画我画过。

d. ＃那幅山水画我画过。

(李文山，2013:77)

根据李文山(2013)，创造动词的产物存在时间晚于创造事件发生的时间，“了”表达事件完成并且默认的事件完成是会话时间，定指话题指称对象的存在时间早于动词表达的事件的发生时间。这和创造动词对其产物角色的存在时间的内在要求发生矛盾，所以无论是近指还是远指话题句子都不可以接受。经验体“过”表达的事件在以往曾经发生，因而成为动作发出者或者承受者经验的一部分，“过”表达可以重复的经验，而定指话题“被创造”的经历只能有一次，所以近指和远指话题句子都不可以接受。

李文山(2013)的观察是正确的。“了”和“过”与创造类动词、定指 NP 之间语义不融合，创造类动词的宾语一般都是非特指的，但笔者认为语义不融合主要在于话题与述题部分之间的匹配问题，“了”不是完成体“了”，而是表示“中止”，创造动词事件是无界的活动事件，当光杆动词变成结果复合词后，中止体“了”就变成实现体“了”，强调的结果状态，冲淡了时间上的冲突，变成合格的话题结构，如下：

(28)a. 这枚图章我刻完了。

b. 那枚图章我刻完了。

c. 这幅山水画我画好了。

d. 那幅山水画我画好了。

李文山(2013)还探讨了与创造类相反的毁灭类动词，近指话题不能接受毁灭动词携带“了”出现在陈述部分；但远指话题可以接受，如(29)所示。话题无论是近指还是远指，毁灭动词可以携带“过”出现在陈述部分，如(30)所示。

(29)a. #这个程序我卸了。

b. #这幅山水画我烧了。

c. 那个程序我卸了。

d. 那幅山水画我烧了。

(李文山，2013:78)

(30)a. 这个程序我卸过。

b. 这幅山水画我烧过。

c. 那个程序我卸过。

d. 那幅山水画我烧过。

(李文山，2013:78)

(29)中说话人不可能针对眼前存在的事物作出它已经被毁灭的表述，所以近指话题不可以接受毁灭动词，远指名词短语的指称对象可以不在现场存在，所以远指话题能够接受毁灭动词。(30)中“过”表示可以重复的经验，话题无论是近指还是远指，句子必须表示毁灭性事件不成功才可以接受。

李文山(2013)的解释具有说服力，也从另一个角度阐述话题必须蕴含动词带来的变化，即动词对话题产生影响，(30a，b)毁灭活动动词变成含有结果的完结动词，就可以接受，如(31)。该规律适用于其他类型的动词，如(32)，“穿了”衣服对衣服没有影响，“穿过”表明“完成”，“穿反”表明结果：

(31)a. 这个程序我卸掉了。

b. 这幅山水画我烧坏了。

(32)a. #这件衣服我穿了。

b. 这件衣服我穿过。

c. 这件衣服我穿反了。

综上所述，事件状态化的途径包括谓词添加状语或补语的复杂化、谓词添加体貌标记的复杂化和结果复合词的谓语复杂化，通过这些途径减少谓词的动作性，从而满足话题—述题的命题要求。合格的话题结构一方面要满足话题的指称需求，另一方面要满足述题的状态需求，最终达到对话结构的需求。

5.1.3 事件主观化

“主观性”是指语言的一种特性，说话人在说出一段话的同时表明自己这段话的立场、态度和情感，“主观化”是指语言为表现这种主观性而采用相应的结构形式或经历相应的演变过程(沈家煊 2001:268)。刘正光(2011 认为)主观化能对句法限制进行消解，这种观点同样适用于话题结构的句法限制，话题化过程就是主观化的过程，话题标记“呢”“吧”“嘛”“关于”“至于”等都是说话人主观意见表达的方式，属于情态停顿词，接受性较差的话题句添加上话题标记后接受性增强，如下：

(33)a. ？类风湿性关节炎，我得多带几本书。

b. 关于类风湿性关节炎，我得多带几本书。

除了话题标记的主观表达以外，就是述题事件的主观性了。事件参与者的选择常常是说话人的选择，因此，及物性和主观性有着内在联系，及物性越低，主观性越强，反之亦如此。事件的主观化有助于去及物化，也就有助于事件的状态化。

Finegan(1995)认为，主观性和主观化表现为三个方面：说话人的视角(perspective)、说话人的情感(affect)、说话人的认识(epistemic modality)。主观化在语言上的表现手段包括体貌标记、副词、情态动词、语气词、数量结构、情态成分等，主观化的句子不再是对单纯命题意义的表达，转而表达说话人对该事件的评价、认识或判断，这与述题部分对话题的评价相一致。

前面事件状态化的手段之一谓词复杂化中的许多现象也是主观化的表现，如体貌标记"了"，"了"表"变化"的意义，不是一般的"变化"，而是说话人主观上认为的"变化"，说话人主观参与后，才会变成"新情况"或"变化"。"了"增加了说话人的视角，说话人观察角度使得客观事件成为主观事件，同样体貌标记"过"表示说话人的个人体验，如下：

(34)a. 那本书，出版了。

b. 这个念头他从来没有忘记过。

从说话人的情感看，去及物化结构的典型代表是附加语，例如中动结构的评价意义取决于说话人选择使用的附加语，附加语反映了说话人对主语所指事物的反应、态度和情感，反映受事主语的特征，这也就解释了为什么评价隐含施事的附加语不可以出现在中动结构当中，如 diligently，carefully，expertly，deliberately 等。英语中动结构中的典型附加语为促进类和阻止类，汉语中动 XP 最为典型的是对中动主语显性属性的描写，如下：

(35)a. The car drives easily.

b. The book sells well.

c. 这首歌唱起来很婉转动听。

d. 甜瓜吃起来脆甜脆甜的。

评价类的附加语更适用于话题结构当中，附加语的添加有些是必需的，如(36a, b)，有些附加语使得句子接受性更强，如(36c, d)：

(36)a. 这间屋子，小王收拾得干干净净。

b. 这种手段，他们运用得最为熟练。

c. 那本书，张三读了三遍。

d. 这些钱，我攒了好长时间。

从说话人的认识看，情态语义特征体现说话人对句法主语的某种看法或评价，情态特征有多种表达方式，包括情态动词、情态副词、否定和语气副词等，如当英语中动结构没有附加语时，情态动词是可以替换的方法之一，同样，情态动词可以使光杆动词进入汉语意念被动句中，如下：

(37)a. The floor might wax.

b. 那栋房子可以盖。

情态动词也是话题结构中述题事件状态化的重要手段，如(38)所示；否定也是状态化的重要手段，如(39)所示。如果去掉这些主观化的手段，句子往往不可接受或接受性不强：

(38)a. 这些错误思想，需要认真加以分析和澄清。

b. 当地的藏族呢，愿意跟北京人结婚。

c. 工作嘛，就该有责任心。

d. 那样的房子，我们也可以盖。

(39)a. 现在的孩子，我可不敢惹。

b. 酒我现在不喝了。

c. 作业我还没做呢。

d. 这些问题我仍旧没有想明白。

概括起来，主观化也有助于去及物化，事件主观化越强，就越容易形成去及物化结构，也就满足话题结构的述题部分事件状态化的要求，从该意义上讲，事件主观化是事件状态化的手段之一。事件状态化要求不只适用于简单句话题提取，而是适用于所有话题提取，述题事件必须状态化，状态化是满足话题和述题"有关性"的必要条件。

5.2　复杂结构成分的话题提取

本书中的复杂结构是指文献中探讨较多的复杂名词短语、主语从句、领属性 NP 和强跨越结构。生成语法界认为，从复杂结构中提取话题与孤岛条件限制有关，汉语话题结构的生成基于是否受孤岛条件限制形成移位生成和基础生成两派观点，两派观点说服力都不强，都有例外情况无法解释，因此我们摒弃该研究路径，但仍然认为这些复杂结构是一种弱孤岛，从中提取成分不容易，但只要满足一定的条件，就可以逃离这个孤岛。逃离孤岛也是一种比喻说法，我们采用平行框架理论中的间接允准机制，话题并不是从空位处移到句首，而是话题与空位之间有语义联接。

5.2.1　复杂名词短语

根据复杂名词短语限制(Complex NP Constraint)，复杂名词短语中的任何成分都不能提取出来，如 * Who_i did you speak to the man who saw t_i? 英汉语复杂名词短语中的成分提取存在语言类型上的差异，英语复杂名词短语的中心语处于关系句的前面，而汉语复杂名词短语的中心语处于关系句的后面，从语言加工上看，汉语复杂名词短语中提取要相对英语容易一些，但仍然需要多种限制。

复杂名词短语内成分提取最大的难题在于主宾不对称现象，即很多学者坚持复杂名词短语处于主语位置比处于宾语位置容易提取，同时也有学者否认主宾不对称现象。即使承认主宾不对称现象，处于主语位置的复杂名词短语并不总能提取话题，处于宾语位置的复杂名词短语有时也可以提取话题，无论是哪种话题提取都需要条件，这就需要找出满足话题提取的句法、语义和语用条件限制，从而达到对主宾语位置两类话题提取给出统一解释。复杂名词短语话题提取如下所示：

(40)a. 这本书$_i$，e_j 读过 e_i 的人$_j$ 不多。

b. * 这本书$_i$，e_j 读过 e_i 的人$_j$ 来了。

c. 那个强盗$_i$，我想 e_j 抓到 e_i 的人$_j$ 应该得奖。

d. * 那个强盗$_i$，我想 e_j 抓到 e_i 的人$_j$ 得了奖。

e. 张三$_i$，e_i唱歌的声音很好听。

f. * 张三$_i$，我很喜欢 e_i唱歌的声音。

Xu 和 Langendoen(1985)否定话题提取的主宾不对称现象，类似于(40c，d)之间的对立在于复杂名词短语的“有指(specific)”和“无指(nonspecific)”之间的对立，与孤岛条件无关。张敏(2009)、Qu(1994)、Zhang(2002)也持类似观点，“特指、非特指”在提取中能起到举足轻重的作用。张敏(2009)的“特指”和“非特指”相对应于Xu 和 Langendoen(1985)的“有指”和“无指”，非特指包括无指、类指、无定。Chomsky(1973)针对 NP 的指称提出了特指条件(Specificity Condition)，从非特指 NP 里可以移位，而特指 NP 里移位就要受阻，如下：

(41)a. Who$_i$ did you see pictures of t_i?

b. * Who$_i$ did you see the pictures of t_i?

他们的观察是正确的，可以说这是语言的共性，(40)中能够话题提取的复杂 NP 都是非特指，不能话题提取的复杂 NP 是定指或特指。不同于英语指称定指和非定指的显性语法标记，汉语复杂

NP的特性往往决定于谓语，(40a，b)中同样的主语复杂NP分别解读为非特指和特指就是因为谓语的不同，“来了”的主语一定是定指的，正如文献中经常提到的“客人来了”，区别于“来客人了”，后者属于非特指。

为什么非特指NP可以提取话题呢？基于语言能力的孤岛条件限制的解释力不足，以及孤岛中话题提取的梯度性，句法理论不能单独解释孤岛话题提取现象，所以孤岛效应并不属于范畴类(categorical)，不是基于语言能力(competence)，而是基于语言应用(performance)，因此我们需要从语用和语言加工等认知因素上考虑。

从信息结构上看，不同于简单句中宾语或主语位置的话题提取，从作主语或宾语的复杂名词短语中提取话题是比较困难的，因为话题提取从定语从句中提取，定语从句事件嵌套在述题部分事件中，不是主要事件的必要成分，如果想从中提取话题，定语从句事件作为提取母体必须处于焦点更加凸显的位置。根据Deane(1991)，从注意焦点处才可提取话题，因此，无论是主语位置还是宾语位置的复杂名词短语，只要焦点化的程度越高，话题性越低，就越容易提取话题，而被提取的成分具有较高的话题性。Goldberg(2006：132)也提出，背景化的结构(back-grounded constructions)是孤岛，只有信息凸显的结构才可以提取，由此看出，Deane和Goldberg的观点高度一致。

复杂名词短语的非特指化是满足话题提取的条件，特指、有定复杂名词短语的话题性高于非特指、无定复杂名词短语，后者的焦点性高于前者，焦点性越高，话题提取就越容易，所以主语和宾语位置的复杂名词短语只要满足了非特指化的条件就可以话题提取。如下(42a，b)“张三写的书”具有特指性，而(42c，d)“看不懂那本书的人”具有非特指性：

(42) a. *张三$_i$，e_i写的书买到了。

b. *张三$_i$，我念了不少e_i写的书。

c. 那本书$_i$，看不懂e_i的人很多。

d. 那本书$_i$，我认识很多看不懂e_i的人。

从语言加工的角度来讲，付出的认知努力越少越好，歧义句的加工付出就要多，两个句子中需要付出较多努力的句子接受性可能就差。如光杆名词短语作话题时就具有定指或类指的歧义，往往依赖语境等外在条件决定是哪种解读，所以光杆名词短语话题可接受性小于定指名词短语话题（如？狗，我见过/这只狗，我见过）。同理，话题从复杂名词短语中提取长距离依赖，要付出更多的代价，满足的条件更为苛刻，焦点性起作用归结到语言加工，特指性或有定性造成的提取困难是语言加工的副产品，特指或定指名词短语是已知信息，在语篇中有所指，概念固化程度高，在辨认所指时面临更多的加工困难，不易激活；而非特指或无定名词短语就没有必要固定一个所指，概念固化程度低，新的表征立刻产生，就避免了语言加工付出的代价。特指性或有定性复杂名词短语比起非特指或无定复杂名词短语加工困难，从前者修饰语中提取话题会更加困难。

根据张敏(2009)，复杂名词短语的关系小句修饰语分为两类：一类称作“特谓事态”(specific eventuality)，描述的是现实世界特定时空框架中具有明确的既定位置（往往是但不必都是已发生的）的叙实性事件；另一类称作“非特谓事态”(nonspecific eventuality)，描述的是可能世界中的非叙实性事件，或称作一般情状的惯常事件或非现实事件(irrealis event)，在现实世界的时间轴上没有确定地位的假定的、愿望中的、可能发生的事件。该事件的划分与 Carlson (1977)的事件谓语和属性谓语基本相同。既然表示不同的事件，本书称之为“特谓事件”和“非特谓事件”。

非特谓事件和特谓事件对应于名词短语的非特指和特指，非特指复杂名词短语中的关系小句为非特谓事件，特指复杂名词短语中的关系小句为特谓事件。从非特谓事件中话题提取相对容易，正如第一部分讨论的简单句中话题提取一样，述题部分需要是非叙事性事件，同时，从语言加工上来说，与非特指名词短语一样不需要在语篇中着地(grounded)，直接就可以进行心理表征。增强复杂名词短语中心词的非特指性以及中心语修饰语的非特谓性是提高话题提取可能性的有效方法，二者具有一致性，满足的条件越多，话题提取的可能性越高。

(43)a. *这些画，我看见了画的人。

b. 这些画，我没看见喜欢的人。

c. *这些画，我没看见那个喜欢的人。

d. *历史小说，他认识几个曾经读过的学生。

e. 历史小说，他认识几个能读懂的学生。

f. *历史小说，他认识那个能读懂的学生。

g. 历史小说，他认识三个能读懂的学生。

h. *历史小说，他认识能读懂的三个学生。

(43a, b, c)表明特指性和特谓性发挥的作用：(43a)复杂名词短语的中心语表示特指，其修饰语表示特谓事件，表示动作，(43b)“喜欢的人”表示非特指，其中的修饰语事件谓语“喜欢”为状态词，表示非特谓事件，(43c)复杂名词短语前添加了限定词“那个”就变成了特指名词短语，即使修饰语仍然属于非特谓，也无法接受。因此，可以得出结论：复杂名词短语的特指性/非特指性和修饰语的特谓性/非特谓性发生矛盾时，特指/非特指性优先发挥作用，该规则同样可以解释(43d, e, f)。(43g, h)数量词的位置不同，根据 Zhang(2002)，关系小句中量词放动词前表示非特指，放动词后表示特指，所以(43h)不可以接受。

根据以上讨论，述题焦点高低是决定话题提取的决定因素，非特指名词短语和非特谓事件的焦点性较高，容易提取，所以增强复杂名词短语的非特指性和修饰事件的非特谓性是话题结构生成的必要条件，其增强手段包括整个述题部分事件及中心语修饰定语从句事件的惯常性或非现实性，如：

(44)a. *这么顽皮的孩子，收养的人走了。

b. *这么顽皮的孩子，我找到了收养的人。

c. ？*这么顽皮的孩子，收养的人不多。

d. ？*这么顽皮的孩子，我找不到收养的人。

e. 这么顽皮的孩子，愿意收养的人不多。

f. 这么顽皮的孩子，我找不到愿意收养的人。

(44)中的例子可接受性递增，(44a, b)同时具有复杂名词短语的特指性和定语从句事件的特谓性，(44c, d)满足一个条件，具有复杂名词短语的非特指性和定语从句事件的特谓性，(44e, f)同时具有复杂名词短语的非特指性和定语从句事件的非特指性，满足条件越多，话题提取的可能性越高。但能够提取的并不都是非特指名词短语或非特谓事件，只要通过相关手段增强提取域的焦点性，特指名词短语中的特谓事件修饰语中也可以提取话题。相关手段表现在很多方面，如下：

(45)a. 张三，写的书不少。

b. *张三，写的书出版了。

c. 张三，写的书出版了，译的书却给退稿了。

d. 张三，辛辛苦苦写的书却给退稿了。

e. 张三，写的书居然出版了。

f. 张三，写的书还没有出版。

通过焦点凸显改造话题结构的方法有很多，其中包括对比焦点，如(45c)所示，还可以通过焦点敏感算子(focus-sensitive operator)改造句子，焦点敏感算子如“只”、全称量词“总是”、频度

“通常”、情态动词、否定、表说话人看法和态度的副词和语气词，如“竟然”“果真”等。(45d)定语事件中的副词“辛辛苦苦”表达了说话人的评价，语义焦点落在该修饰语中，所以从中话题提取成为可能。同样(45e，f)“居然”和否定可以把语义指向引向“写的书”，使其焦点性增强，话题提取也成为可能。

文献中的复杂名词短语中话题提取的主宾不对称现象是否存在呢？或者说从主语母体位置提取话题是否比宾语母体位置更简单一些？主语位置提取的孤岛条件是否比宾语位置的孤岛条件要弱一些？笔者认为，主宾不对称现象是存在的，根据认知语法(Langacker，1991)，主语和宾语都是焦点参与者，其中主语是最显著的参与者，称作“射体”(trajectory)或“主要焦点”，而宾语为第二凸显的参与者，称之为“焦点地标”(landmark)或“第二焦点”。宾语一般来说是句子的自然焦点，复杂短语的中心语是主要事件的焦点所在，即使嵌入焦点敏感算子，也不能有效指向修饰语事件上，如“?*张三，出版社退了辛辛苦苦写的书”，复杂名词短语的有定性阻碍了其话题提取。(46)中的例子表明改造有定宾语使其可以话题提取的方法难以奏效，尽管在一定程度上有所缓和。同时，从语言加工复杂性来看，根据 Gibson(1998)的线性距离假说(Iinear Distance Hypothesis)和 O'Grady(1997)的结构距离假说(Structural Distance Hypothesis)，填充物和空位之间的距离能够解释长距离依赖关系，主语位置的空位与话题之间的距离比宾语位置的空位与话题之间的距离短，所以语言加工的付出要少，从主语位置提取话题较为容易，也就显现主宾不对称现象。

(46)a. *张三，我认识很多批评的人。

b. *那种话，我讨厌说的人。

c. ?*那种话，我讨厌天天说的人。

d. *这种书，我见过买的人。

e. ？＊这种书，我见过买的人，但没见过写的人。

f. ＊小刘，我早知道评一级的事。

g. ＊小张，我不相信落选的消息。

满足焦点凸显的要求也不一定生成合格的话题结构，话题结构还要满足语义融合条件，史有为(2005)称之为话题和述题之间存在着词汇—语义上的“适配性”(adaptability)，也就是逻辑—伦理上的合理性，属于成分相关和语义相关中应有的协调合作(cooperation)。以下不合格的例子就是因为语义上不匹配，根据常识或世界知识，(47)中“顽皮的孩子”与“愿意抚养的人”的数量/人们抚养顽皮孩子的意愿之间是反比关系，(47b，c)就违背人们的常识，(47d，e)表达了说话人的出乎意料及找到抚养顽皮孩子的困难，通过语义手段改造了句子，使其符合人们的常识。同理，(48)“娶”和“嫁”语义已经决定了其事件参与者：

(47)a. 这么顽皮的孩子，我找不到愿意收养的人。

b. ＊这么顽皮的孩子，愿意收养的人很多。

c. ＊这么顽皮的孩子，我找得到愿意收养的人。

d. 这么顽皮的孩子，愿意收养的人竟然很多。

e. 这么顽皮的孩子，我还是找得到愿意收养的人。

(48)a. 李小姐，找不到愿意娶的人。

b. ＊李小姐，找不到愿意嫁的人。

c. 李先生，找不到可以娶的人。

d. ＊李先生，找不到可以嫁的人。

概括来说，复杂名词短语话题提取与述题部分事件类型、中心语定语从句修饰语事件有关，为了使提取域具有焦点性，可以采用一定手段使得复杂名词短语中心语具有非特指性，定语从句修饰语事件具有非特谓性，也可以采用焦点敏感算子等焦点凸显的方法。嵌入式事件结构要想在主要事件结构中发挥提取母体的作用，必须满足焦点化的条件。焦点性不是决定话题结构合格的唯一条件，话题结构还必须保证语义的融合性。

5.2.2　主语从句

根据孤岛条件之一主语从句限制（Sentential Subject Constraint），如果一个从句从属于一个名词词组，而该名词词组直属于一个句子，则从句中任何成分都不可移出，也就是主语从句中的任何成分都不可以从中移出，如 * Which book was [that John bought t] predicted by you? / * The teacher who that the principal would fire was expected by the reporters is a crusty old ballet-ax，但汉语主语从句是否遵守孤岛条件有很大争议。根据生成语法路径，以下例子中可接受的表明违背孤岛条件，不可接受的表明遵守孤岛条件，分别如下：

(49) a. 这些事他说不合适。

b. 这些事我认为他说不合适。

c. 昨天的作业，小张没完成气坏了老师。

d. * 这些事他说了让我当时很吃惊。

e. * 那篇文章我儿子写了让我感到自豪。

如同从复杂名词短语提取话题一样，主语从句也是弱孤岛，满足一定的条件就可以提取话题，满足的条件是什么呢？如同从复杂名词短语提取一样，非特谓事件可以提取话题，即非特谓主语从句比起特谓主语从句容易提取话题，非特谓事件的焦点性发挥作用，张敏（2009）给出更多例子说明这一点。以下例子之所以不可接受就是因为主语从句的特谓事件性：

(50) a. * 这笔钱，张三偷是坏朋友教唆的。

b. * 这笔钱，我相信张三偷是坏朋友教唆的。

c. ＊这篇文章，张三写是迫不得已的。

d. ＊这篇文章，我知道张三写是迫不得已的。

从上文可以看出，主语从句的非特谓性是由主句事件类型决定的，(50)中的主句谓语虽然都是评价性的，但这些评价性表示对完成事件的评价，所以主语从句事件不能满足假定的、愿望中的、可能发生的非特谓事件的特征要求。相对照，(51a，b)中主句的谓语不涉及对已发生事件的评价，也就是主语从句事件是非特谓事件，所以话题提取没有问题，而(51c，d，e，f)表明，即使主语从句事件不是非特谓事件，话题也可以从中提取，也就是说，特谓事件也能提取话题。因此，话题能否从主语从句中提取与主句事件类型密切相关，主句事件的主观语义表达可以挽救主语从句特谓事件的话题提取。

(51)a. 这篇文章，李四帮我修改教我好高兴。

b. 这件衬衫，她穿，好合适。

c. 这个钱包，他昨天偷了，一点不奇怪。

d. 这本书，他读过，令人难以置信。

e. 小张，昨天完成了作业不可能。

f. 那个孩子，偷了家里钱不太可能。

述题事件的主观化是话题提取的基本要求，除了体貌标记、情态动词、否定等语法手段达到主观性目的以外，说话人嵌入对事件认识的评论是最直接的主观化手段，如“我想”“我认为”“我觉得”等，生成语法把这些动词称为“桥动词”，不会是移位的障碍，这与我们的观察是一致的，桥动词构不成语障不是语法问题而是语义问题。

桥动词的嵌入能够挽救接受程度差的话题结构，除了评价类谓语，如(51)，主语从句往往可以添加诸如“我觉得”“我相信”“我认为”表示主观判断的动词，“我听说”“我知道”则往往表示已发生事件的陈述，如下张敏(2009)的例子中(52a, b)满足主观动词、主语从句的非特谓事件和主观评价谓语三个条件，(52c, d)非主观动词、主语从句事件的特谓性决定了话题提取的困难，(52e)非主观动词的出现否定了非特谓事件和主观评价谓语两个条件。

(52) a. 这个病人，我觉得王医生治不合适。
b. 王医生，我觉得治这个病人不合适。
c. * 美国，我听说攻打那个国家让他很吃惊。
d. * 小宝，我知道妈妈骗是出于无奈。
e. * 这笔钱，我听说张三赚不容易。

综上所述，影响主语从句事件话题提取的因素包括三个方面：主语从句事件的非特谓性、主句事件主观性以及主语从句前的主观动词。三个因素的语义融合保证生成合格的话题结构，采取以上措施保证话题结构生成的合格性就要保证主语从句的焦点性。

5.2.3　领属性 NP

根据 Ross(1967)左分支条件，左分支的名词短语NP_1不能从更大的NP_2中移出，如 * The boy's, we elected t guardians employer president。汉语领属 NP 能否从大的 NP 提取也存在争议，争议的焦点是是否存在主宾不对称现象，如果(53a, b)例子表明了主宾不对称，但无法解释(53c-d)主语位置不可提取，而(53e-f)宾语位置却可以自由提取：

(53) a. 张三，爸爸很有钱。　(Huang, 1984)
b. * 张三，我看见爸爸了。　(Huang, 1984)
c. * 张三女朋友啊，爸爸杀了很多人。
(温宾利、田启林，2011:332)
d. * 张三啊，这种行为践踏了我的尊严。
(温宾利、田启林，2011:332)

e. 那本书，我撕了封面。 （张敏，2009）

f. 那条鱼，我刮了鱼鳞。 （张敏，2009）

以上例子表明，无论主语位置还是宾语位置的领属 NP 都受到提取条件限制，尽管从语言加工付出来看，主语位置相对容易，正如关系从句和主语从句作为主句事件参与者的修饰成分。领属 NP 提取为话题必须满足充分的条件，从语法上说具有可行性，但要满足严格的语义和语用条件，找出这些限制条件是本部分的研究重点。

首先，界定什么是领属结构。根据廖秋忠（1986），两个名词成分 A 和 B 有时存在这样的语义关系：B 或为 A 的一个部件/属性、一个方面/部分，或为与 A 经常共现的实体、状态或事件，A 为 B 提供了进一步分解 A 或联想到 B 的认知框架。NP_1 和 NP_2 之间的领属关系比较容易建立，文献中对“NP_1（的）NP_2”领属关系的界定多种多样，如沈阳（1995）把领属关系分为范围、领有、称谓/亲属、整体部分、结果、处所、数量、附属、本体特征、本体属性等十个小类，税昌锡（2008）将其分为固有类、配置类、呈现类、制作类、拣选类、经历类、称呼类等七个小类，可见领属关系比较模糊，分类标准不一。沈阳（1995）的十个小类举例如下：

(54) a. 范围领属：墙上的画/房间里的摆设

b. 领有领属：图书馆的书/老李的自行车

c. 称谓/亲属领属：他的父亲/我的学生/经理的新秘书

d. 附属领属：他的眼睛/工厂的围墙

e. 整体部分领属：衣服的领子/书的封面

f. 数量领属：两个小孩中的一个/这堆衣服中的一件

g. 结果领属：萝卜丝/羊肉馅

h. 本体属性领属：树叶的颜色/他的性格

i. 本体特征领属：老王的病/小孩的个头

j. 处所领属：他的心中/学校的操场

概括来说，领属关系分为两种：不可让渡关系(inalienable)和可让渡关系(alienable)。前者表示与生俱来的关系，属于词汇固有属性，具有亲密性(intimate)和不可分离性(inseparable)，像其他所有词汇固有的特性一样(如动词的论元结构)；后者属于语用领属，可以随语境的变化而改变，领属关系是临时(accidental)建立的，具有非亲密性(non-intimate)、获得性(acquired)和可转让性(transferable)。根据 Haiman(1985)，不可让渡性构成从左到右的一个连续等级序列，即：身体部位＞亲属关系＞一般物件，其中身体部位代表最原型的不可让渡关系，而一般人工制品则代表最典型的可让渡关系，亲属关系处于中间位置。常见不可让渡类又可分为构成关系(如部分—整体)和社会关系(如亲属关系)，常见可让渡性关系包括隶属关系、时空关系、属性关系等。两类领属关系分别如下：

(55) a. 张三的儿子　　(亲属关系)
b. 桌子腿　　(整体—部分关系)
c. 张三的自行车　　(隶属关系)
d. 屋里的桌子　　(时空关系)
e. 中国人的志气　　(属性关系)

其次，领属结构话题提取的动因。从认知角度看，人类倾向于在事物之间建立联系，领属关系是人类对客观世界中各种关系的一种逻辑认识，领属者与被领属者之间的认知模式或是参照物和目标，或是领属者为背景，被领属者为图形，领属者为被领属者提供认知框架。从认知语义上看，领属结构表示拥有、占有、享有、带有、抽象为“NP_1 拥有 NP_2”的事件结构，领属者还可以隐喻化为处所域，表达存在事件结构。在该事件结构中起主导作用的参与者就是 NP_1，领属事件的核心意义就是通过领属关系从领属者来识别被领属者。吴早生(2010)就指出领属关系的控制属性，即领属者对被领属者的控制。可见，虽然领属者为参照物，但该参照物焦点性较强，从排列顺序上也说明 NP_1 的认知凸显地位，NP_1 的存在能够较为容易地预测或激活 NP_2 的存在。因此，左分支名词短语的 NP_1 话题提取在汉语中非常常见，文献中有学者称之为“主谓谓语句”，如下：

(56)a. 张三肚子疼。

b. 这些人心里不平衡。

c. 这个工厂规模不大。

d. 青岛气候好。

e. 河里鱼很多。

f. 十五个梨，五个烂了。

再次，不同类型的领属关系在话题提取中的不同限制。“NP_1(的)NP_2”领属结构之所以能够分裂从而 NP_1 提升为话题就在于 NP_1 对 NP_2 的激活程度，NP_1 和 NP_2 之间的固着度(entrenchment)高，就已经成为长时记忆，而固着度低的话就需要短时记忆激活，增加语言加工的成本，因此就不容易提取为话题。Pustejovsky(1991，1995)提出词汇物性结构(qualia structure)概念，即词汇的概念意义，词的意义分为四个方面或物性：

A. 构成角色(Constitutive Q_C)：描写物体与其组成部分之间的关系，包括材料、重量、部分和组成成分等。具体来说，构成角色指一个实体的内部构成，即由什么构成？各部分是什么？起什么作用？各部分如何关联？如“房子”由“砖头”等构成。

B. 形式角色(Formal Q_F)：在更大的领域内辨认物体，描写在更大的认知域中区别于其他物体的属性，如方位、大小、形状、维度、颜色、位置、味道等。依赖这些属性把一种物体与其他物体区别开来。如“椅子”是“家具”“兔子”是“哺乳动物”，“合同”是“抽象事物、法规、契约、文书”。

C. 功用角色(Telic Q_T)：描写物体的目的和功能，包括施事做某个行为的目的，规定某些活动的固有功能或目的。如“椅子”的功能角色是用来坐，“报纸”的功能角色是用来阅读。

D. 施成角色（Agentive Q_A）：涉及物体的来源或如何产生的，包括创造者、人工制品、自然类别、因果关系等。施成角色是实体的“生活史”，如果是动物，就包括它们的孕育、出生、成熟和死亡，如果是人工制品，就包括如何制造、由谁制造、随着时间的流逝或磨损会有什么变化、如何处理等。如“椅子”的施成是“制作、加工、编制”等，“书”的施成是“写、出版”等。

Cruse（2000）把四个物性角色阐释为不同的“看事物的方法”，包括从事物的部分—整体看（构成角色），从事物分类的角度看（形式角色），从事物的相互作用看（功用角色），从事物的生命周期看（施成角色）。例如“小说”构成角色是叙述（narrative），形式角色为书（book），功用角色是阅读（reading），施成角色是写（writing），其中功用角色就比其他角色重要。

物性角色可由语境选择性激活。Yoshimura 和 Taylor（2004）以形容词和名词组合来展现语境在决定词义时的作用：当 old，young，new 等与名词结合时，名词的施成角色就会激活，如 old man；当 broken，torn，injured 与名词结合时，名词的构成角色就会激活，如 torn newspaper；large 和 small 会激活形式角色，如 a large horse；good 和 useless 会激活功用角色，如 a good book（参见高秀雪，2016）。

当 NP_1 和 NP_2 之间的物性角色匹配，或者说 NP_1 和 NP_2 之间的物性角色能够互相激活，或者说 NP_2 是否是 NP_1 的物性角色决定了二者是否容易分裂，NP_1 提升为话题。NP_1 和 NP_2 之间无论是不可让渡关系还是可让渡关系都是词汇的概念意义关系，领属关系中 NP_1 和 NP_2 之间最常见的是构成关系，表现为部分—整体关系，形式关系也较常见，施成关系较少。不可让渡关系（57a，b，c）NP_1 和 NP_2 之间属于构成关系，（57d）NP_1 和 NP_2 之间属于形式关系，可让渡关系(58)NP_1 和 NP_2 之间属于形式关系。

(57)a. 张三,眼睛很漂亮。

b. 那本书,封皮很有特点。

c. 那件衣服,袖子长了一些。

d. 张三,孩子已经五岁了。

(58)a. 张三,身份证丢了。

b. 桌子上面有书。

c. 李四性格平和。

d. 这个场子规模很大。

语用目的临时领属关系的建立比较困难,并不是所有"NP_1(的)NP_2"领属结构都可以分裂,因为认知上建立二者关系比较困难时,语义概念就不匹配。如下例子中,"张三"和"铅笔"之间的隶属关系没有"张三"与"钱包"之间的亲密,我们每个人都可以有钱包,但不一定都有铅笔;同样,"他们"与"飞机"之间的关系也不亲密,"他们"只是飞机乘客中的几位,所以 NP_1 对 NP_2 的控制性较弱;同理"我们"和"长江"之间的关系:

(59)a. ? *张三,铅笔被孩子折断了。

b. 张三,钱包落车上了。

c. *他们,飞机晚点了。

d. *我们,长江很长。

即使 NP_1 和 NP_2 之间概念语义能够匹配,也不是所有情况都可以话题提取,如前面提到的例子:

(60)a. *张三女朋友啊,爸爸杀了很多人。

b. *这个漂亮的女孩,眼睛很大。

c. *张三啊,这种行为践踏了我的尊严。

d. *三中,王老师很敬业。

"NP_1(的)NP_2"领属结构的 NP_1 控制 NP_2,所以生命度较强的名词比较适宜作为领属者；反过来，NP_2 的生命度越弱、语义内容越抽象，越适合作被领属者。(60a, b)之所以话题提取困难一方面在于话题的长度，较长的话题需要增加短时工作记忆以便于述题部分联系，从而会增加加工负担；另一方面，“张三女朋友”本身就是领属结构，“张三”控制“女朋友”，“女朋友”就很难控制述题部分的“爸爸”，所以虽然“女朋友”和“爸爸”在物性角色方面语义匹配，但是二者无法进行有效分裂。“这个漂亮的女孩”已经凸显了中心词的形式物性，与“眼睛”构成的角色无关，无法形成匹配关系。(60c, d)难于话题提取的原因在于 NP_2 的定指性，其受控性较弱，如果替换为非特指名词，句子的接受程度就增强很多：

(61)a. 张三啊，行为举止践踏了我的尊严。

b. 三中，老师都很敬业。

至于话题提取的主宾不对称现象，也涉及语言加工问题，只有 NP_1 与 NP_2 之间存在不可让渡关系时，宾语位置的所属者才有可能话题提取，但是宾语位置的 NP_2 与 NP_1 之间的联系有可能被述题部分的主语阻断，如下：

(62)a. *张三，我看见爸爸了。

b. *那个女孩，我讨厌长辫子。

c. 那本书，我撕了封面。

d. *橘子，我吃了皮了。

(62a, b)领属者与被领属者被主语“我”阻断，“爸爸”优先解读为“我”的“爸爸”，“辫子”优先解读为“我”的“辫子”。(62c)“封面”无法优先解读“我”的“封面”，“我”不起阻断作用，(62d)“我”也不起阻断作用，该句不可接受在于我们的世界知识，我们不会吃橘子皮的，如果替换了动词，句子就可以接受：“橘子，我剥了皮。”名词短语的物性角色要匹配，同时也对动词的语义有要求，如下例子中，土豆可以削皮，不可加皮，小猫自己长了尾巴，不可外在配置上尾巴：

(63)a. *这些土豆,我加上了皮。

b. *小猫,我们配了尾巴。

最后,除了 NP_1 和 NP_2 领属关系类型影响话题提取以外,话题提取还受到其他语义限制,比较显著的是动词的语义影响主语的阻断作用,判断的依据来自我们的世界知识,如下(64a)主语阻断了话题和辫子之间的联系,因为“讨厌”的对象可以是自己的辫子;(64b)“我”起不到阻断作用,因为根据我们的常识,我们不给自己剪辫子;(64c)可以“认为”自己爸爸有钱,而(64d)“听说”只能听说别人的事情;同理,(64e)主语却不能起到阻断作用,“土匪”不可能打死自己的“爸爸”,但可以是“张三”的“爸爸”。动词语义对主语阻断作用的影响符合英语式话题结构生成的一般规律,如果述题本身语义完整,就没有必要与话题建立关系,如“*张三,我哭累了”,尽管“我哭累了张三”可以接受,但不可话题提取,因为“我哭累了”语义完整,话题与述题之间无法联接。

(64)a. *那个女孩,我讨厌辫子。

b. 那个女孩,我剪了辫子。

c. *张三,我认为爸爸很有钱。

d. 张三,我听说爸爸很有钱。

e. ?张三,土匪打死爸爸了。

综上所述,“NP_1(的)NP_2”领属结构一个事件结构,从该事件中提取 NP_1 作为话题的条件是 NP_1 的焦点性,NP_1 焦点性的原因在于 NP_1 对 NP_2 的控制性,控制性来源于 NP_1 和 NP_2 概念语义的匹配性。总之,领属话题提取与人类的认知和语言加工密切相关,认知语义不仅包括词汇语义,还包括世界知识。NP_1 的焦点性也可以通过增加焦点算子的手段来实现,焦点算子可以消除述题部分主语的阻断作用,甚至使得可让渡关系的 NP_2 处于宾语位置,焦点性增强的方法可以是对比,如(65a),也可以是副词“只”“连”等焦点算子，如(65b，c，d，e)：

(65)a. 那个女孩，我喜欢眼睛，不喜欢鼻子。

b. 那只兔子，我只看见了耳朵。

c. 那个学生，我只记得名字。

d. 那个学生，我连背影也没看见。

e. 中国的大城市，我只去过北京。

除了以上复杂结构，文献中还有一种经常探讨的复杂结构，即强跨越现象(strong crossover)(一个WH 成分在 A'-移位中跨越一个 c-统制提取址、与之同指的代词性成分)，来自主语位置和宾语位置的强跨越在英语里都不允许，如 * Who_i do you think he_i trusts e_i？但汉语却允许来自主语位置的强跨越，能否实现强跨越与非特谓性有关，非特谓事件中即使处于宾语位置也可以提取，因为非特谓事件的焦点性高，(66a)为特谓事件，而(66b)为非特谓事件：

(66)a. * 张三$_i$，他$_i$ 说李四没看见 e_i。

b. 那个学生$_i$，他$_i$ 担心老师会批评 e_i。

总之，复杂结构的话题提取相对比较困难，NP 之所以能够逃脱孤岛成为话题就在于 NP 在其事件结构中(即提取母体)语义凸显成为焦点，焦点凸显是从句子的信息结构出发，焦点化有多种途径，包括复杂名词短语的非特指性和事件的非特谓性、事件中的焦点算子、物性结构、NP 在事件中的控制性、事件的主观性等，焦点性是为了满足语言加工认知需求。除了焦点凸显以外，生成合格的话题结构还要满足语义融合条件。复杂结构的话题提取证明了平行建构理论的“工具箱”假设，要满足话题和述题之间的语义“相关性”，话题在述题要有语义空位关联，但即使有语义关联也要满足焦点条件和语义融合条件等，为了达到焦点条件和语义融合条件，就要从“工具箱”中采取各种手段。

5.3 附加语成分的话题提取

附加语孤岛是局域限制理论中的一个普遍假设。Stepanov (2007：81)声称，“附加语提取似乎是普遍禁止的”，然而，Chomsky (1982) 注意到附加语孤岛条件限制并不总是发挥作用。(67)和(68)中的例子形成对照，前者附加语内的成分都不可以移到句首，后者构成附加语孤岛条件限制的反例。

(67)a. *Which $club_i$ did John meet a lot of girls [without going to e_i]?

b. *Which $university_i$ won't John meet any girls [unless he goes to e_i]?

c. *Which $exams_i$ did John date a lot of girls instead of doing e_i?

(Cattell, 1976：38)

(68)a. Here is the influential $professor_i$ that John went to college [in order to impress e_i].

b. The man_i that I went to England without speaking to e_i

(Chomsky, 1982：72)

附加语孤岛限制的反例对传统生成语法理论提出了挑战，在语言学界引起了热烈讨论。局域条件限制也是汉语生成语言学界的一个研究热点，其中讨论最多的是汉语话题化的制约条件。文献中能否话题提取的争议主要集中在话题生成的方式，是基础生成还是移位生成？如何解释话题提取的主宾不对称现象？附加语话题也较少出现在语篇当中，因此很少有人争论附加语话题提取，附加语话题提取被普遍认为是不可能。然而，有些附加语提取话题结构的确可以接受，(69a)和(69b)就形成对照：

(69)a. *这件衣服$_i$，你洗e_i的时候，我正在买洗衣机。

b. 这件衣服$_i$，你洗e_i的时候，肯定要花不少力气。

(Gasde & Paul, 1996: 279)

5.3.1　英语附加语话题提取

文献中英语附加语提取研究开始较早，且已经取得了许多成就。关于附加语提取的可能性研究，可以分为两个研究路径：附加语提取的纯句法操作和句法—语义界面操作。纯句法操作认为，附加语提取应从句法理论上作统一解释。坚持附加语孤岛为强孤岛(strong island)的语言学家认为，强孤岛排除所有提取，必须想办法扩大限制条件以容纳附加语提取的例外情况。坚持附加语孤岛为弱孤岛(weak island)的语言学家认为，有些弱孤岛可以提取，但接受程度不高。Chomsky(1986)也坚持弱孤岛观点，根据语障理论提出附加语提取的接受度呈梯度性，跨越的语障越多，句子的接受程度越差。纯句法操作面临着理论构建问题，无论是强孤岛学说还是弱孤岛学说都对孤岛理论本身产生冲击。

句法—语义界面操作认为附加语提取涉及句法、语义、语用因素。Takami(1989)讨论了介词悬空，即从介词短语附加语中提取成分，认为只有从携带新信息或更重要信息的短语中才能提取，也就是Givón(1976)的焦点信息(focal information)或Huck和Na(1990)的信息焦点(information focus)。如Which party did John write the letter after? / * Which party did John bury the letter after?中，前者能够介词悬垂是因为“写信”是常规、可预测活动，强调就放在了介词短语上，而后者介词短语不能悬垂是因为主句中“埋藏信”是出乎意料、更重要的信息。Deane(1991)把附加语提取归结为句法外因素，即附加语要想成功提取，必须满足提取成分与提取母体空位都能吸引人的注意力这一条件。

Truswell(2011)为附加语提取提出一个事件结构模型：只有主句事件和分句事件构成扩展的单一事件，附加语提取才有可能。也就是说，附加语事件必须融合到主句事件当中，或然(contingent)关系是主句和分句事件构成单一事件的前提条件，或然关系又分为直接致使(direct causation)关系和允许(enablement)关系，单纯的时间、空间关系不能把主句事件和分句事件组合成单一扩展事件。不同类型的附加语提取受限程度的差异来自扩展事件构成的难易程度。阐述理由的目的不定式附加语提取比较自由，附加语和主句之间为目的驱动的允许关系；光杆现在分词附加语和主句之间形成直接致使关系才可容易提取；表示时间的附加语提取必须依赖语篇把附加语和主句之间的时间关系转变成允许关系，分别如下：

(70)a. What are you working so hard [in order to achieve *t*]? 允许关系

b. What did John drive Mary crazy [whistling ____]? 致使关系

c. A：Which book did John design his garden [after reading ____]? 允许关系

B：#*Finnegans Wake*.

B'：An introduction to landscape gardening.

笔者赞同 Takami(1988)、Deane(1991)和 Truswell(2011)等的观点。纯句法为长距离依赖关系不能很好地解释，句法—语义—语用界面限制的解释力更强，孤岛提取受语义、语用因素制约。附加语提取的句子为语法上的边缘句子，只有当这些边缘句子受到语义、语用上支持时才可以接受，语义、语用孤岛条件比纯句法孤岛条件更具有概括力和经验基础。

5.3.2 汉语附加语话题提取的事件结构分析

附加语提取的可能性对Chomsky的句法中心和句法独立(autonomy)理论提出了挑战。附加语提取的语义、语用限制与句法—语义界面理论相契合,特别是Jackendoff(2002)、Culicover和Jackendoff(2005)的平行架构理论。Jackendoff(2002)提出概念结构由层组成,如命题层和信息层。前者表示何时、何地、谁对谁做了什么、如何做的,即事件结构,后者表示话题、焦点和共同背景。

语言学家把"有关性"当作界定话题结构的基本条件之一。根据Lambrecht(1994),述题是一个命题,"有关性"把话题与命题之间联系起来(1994: 131)。附加语充当主句事件发生的时间、空间、方式、条件等,带有附加语的汉语句子是一个命题,话题能够自由地从主句提取,如"那个员工,在老板见过经理之后,立刻就被开除了",然而,附加语话题提取比较困难,汉语附加语话题提取的句子都是边缘性句子。附加语只有成为命题的必要成分,或者构成单一事件,才能建立附加语话题和述题之间的"有关性"联系。

根据Fodor(1970)的概括,单一动词短语描写单一事件,汉语附加语也构成一个事件,只有把主从两个事件通过概念化融合为一个单一事件,通过语义、语用、世界知识等把附加语压制成主句事件的必要部分,或者说主从事件之间关系更为紧密,附加语话题才有可能提取。如何才能把附加语压制成主句的必要部分呢?Truswell(2011)提出,单个事件之间存在或然关系才能组成扩展事件,附加语中才可话题提取。或然关系是指两个事件之间是因果依存关系,具备因果关系才容易被感知为单一扩展事件。Truswell的扩展事件结构是否适用于汉语附加语话题提取?我们考察以下几类状语从句，探讨主从句关系与附加语话题提取的关系：

第一，相对比较容易话题提取的两类附加语：原因状语从句和目的状语从句。或然关系中事件之间的直接致使关系最容易感知为单一宏观事件，致使事件先于被使事件，没有致使事件就没有被使事件，有原因必然产生结果。原因关系从句为典型的直接致使关系的附加语，其话题实现很容易实现，如(71)所示：

(71)a. 张三$_i$，因为 e_i 是最好的人选，所以我不支持李四。

b. 张三$_i$，因为我没有请 e_i，李四很不高兴。

汉语目的状语从句，相对应英语阐述理由分句(rationale clauses)，目的和原因概念密切相关，都具有隐含因果关系。因此，该类附加语话题提取比较容易，附加语和主句之间为目标驱动的允许关系。另外，允许关系涉及施事的意愿，主语施事性增强了主从事件之间的联系，使其更容易成为宏观单一事件，如(72)所示，主语的语义角色为施事：

(72)a. 那个专辑，为了尽快制作 e 出来，所有人都加班加点。

b. 那些难题，为了尽快攻克 e 下来，科学家们做了大量工作。

第二，难以话题提取的时间附加语。具有空间或时间关系的两个事件很难感知为单一事件。然而，空间和时间关系是人类认知的首要纬度，以此为基础，衍生出其他认知纬度，表现在语言上，before 和 after 除了表示拓扑的空间和时间关系外，还语法化为较为紧密的或然关系。Givón(2001：45)也提出，如果两个事件的发生时间比较靠拢，依赖性较大，也能构成单一事件。笔者认为 Givón(2001)的观察是正确的，如果时间先后不重要，时间连词就表示时间的拓展关系，两个事件之间具有一定因果关系，如下：

(73)a. 这个秘密，他老婆发现 e 以后，才决定跟他离婚。

b. 这栋新买的房子，张三在装修 e 之前，阅读了大量装修的书。

c. *这件脏衣服，你洗 e 的时候，我正在买洗衣机。

(73a)虽然没有“因为……所以”显性因果关系，但发现秘密和决定离婚之间隐含着因果关系，我们感知到两个事件之间为直接致使关系；(73b)阅读装修的书与装修房子之间也存在密切关系，阅读装修的书籍是装修房子的前提，二者为允许关系；而(73c)洗衣物和买洗衣机之间不存在或然关系，为单纯的时间并列关系，就不可附加语话题提取。由此可见，两个时间先后的事件形成单一事件时，话题才可以从附加语提取。

第三，条件附加语和假设附加语。假设附加句是虚拟性条件附加语，条件句和假设句可以统称为条件句，都表示在一定条件下产生的结果，被称为“广义因果类复句”，具有隐性因果关系。时态附加语在英语中表现为强孤岛，英语条件附加语以时态句出现，其中的成分不可提取。汉语这两类附加语不受此限制，无论是条件附加句还是假设附加语，都是主句的前提条件，二者之间具有因果关系：

(74)a. 那份作业$_i$，老师说李四只有完成了 e_i，才可以看报纸。

b. 那份作业$_i$，老师说李四只要完成了 e_i，就可以看报纸。

(75)a. 那份作业$_i$，李四说他如果写 e_i 了，就看报纸。(Myers, 2012：450)

b. 那个皮包$_i$，Z 说她如果偷 e_i 了，就拿走钱。(Myers, 2012：465)

c. 那场火$_i$，幸亏消防队及时扑灭 e_i 了，否则后果不堪设想。

(74)中例句为条件句，(74a)完成作业为看报纸的必要前提条件，(74b)完成作业为看报纸的充分条件。(75)中例句为假设句，(75a)写完作业是看报纸的充分条件，(75b)偷了皮包是拿走钱的充分条件，(74c)消防队不及时扑灭那场火是后果不堪设想的充分条件。

从以上讨论可以看出，Truswell(2011)的附加语提取的扩展单一事件假设也适用于汉语，但是，我们发现有些反例，表示时间前后的从句有时可以提取，而表示因果、目的关系的从句有时不能提取，我们必须对此作出解释。

A. 单纯表示时间关系的时间状语话题提取

(76)a. *那个员工$_i$，在老板见过 e_i 之后，大家继续开会。

b. 那个员工$_i$，在老板见过 e_i 之后，立刻就被开除 e_i 了。

c. 这个牛肉$_i$，他妈妈炖好 e_i 以后，才发现忘了放 e_i 调料。

d. 这本著作$_i$，张三读完 e_i 以后，写了 e_i 书评。

(76a)附加语不能话题提取是因为两个事件之间是纯粹的时间前后关系，但是(76b)的附加语提取没有问题，两个事件之间之所以形成较为紧密的关系是因为话题链的作用，话题链把两个事件压制为一个事件，这种现象也叫作“空位寄生结构”，英汉寄生空位与填充物之间的长距离依赖都没有问题。(76c, d)也有寄生空位，但是空位在主句中并不是直接论元，而是所有格间接论元，我们非常容易地把牛肉和调料、著作和书评联系在一起，填充物和空位之间的语义封闭程度越高，越容易提取。由此可见，语用因素在单一事件形成方面也起着重要作用。

话题链是单一事件形成的条件之一，可以解释寄生空位，但是一些带有时间状语从句的复杂句，没有寄生空位，也可以接受，如下：

(77)a. *这件脏衣服$_i$，你洗 e_i 的时候，我正在买洗衣机。

b. 这件脏衣服$_i$，你洗 e_i 的时候，肯定要花不少力气。

(78)a. *这所房子$_i$，在你买 e_i 之前，我去找了一个公证人。

b. 这所房子$_i$，在你买 e_i 之前，应该去找一个公证人。

以上为 Niina Zhang(2002)的例子。Niina Zhang(2002)认为，之所以以上例子中 a 和 b 表现不一样是个体事态(episodic eventuality)起孤岛条件的原因,个体事态属于特谓事态(specific cventuality),只有非特谓事态(nonspecific eventuality)才可以提取,非特谓事态是弱孤岛,(77b)和(78b)都是非特谓事件,可以话题化。

Niina Zhang(2002)的观察很有道理,但是该假设无法解释(73a, b)这样的特谓事件句子。这些例子表明,特谓事件也允许话题提取,所以非特谓性的解释力没有单一扩展条件大。

笔者认为,非特谓事态与我们的单一事件假设并不矛盾,非特谓事态表示没有具体时间位置的惯常事件或非现实事件,因此,(77b)和(78b)中的两个事件不是时间前后或重叠关系,主句事件是附加语事件的前提条件,说话人认为二者之间存在密切关系,分句相当于主句的主语或话题,"洗衣服肯定要花不少力气""买房子应该去找一个公证人"。

B. 原因状语关系从句不可话题提取

主从句之间的因果关系是形成扩展单一事件的条件,但是并不是所有原因状语从句中都可以话题提取。Niina Zhang(2002)提出,非时间状语从句中话题空位很难允准,不管主句事件是否是个体时态,如(79)所示:

(79)a. *小说$_i$,因为我喜欢 e_i,经常去书店。

b. *那本小说$_i$,因为我买 e_i 了,误了火车。

c. *高强$_i$ 哪,周华因为 e_i 没来,正生气呢。

笔者认为,以上例子之所以提取的可能性比较小,仍然与两个事件能否融合为一个或然关系有关,如果读者需要许多认知努力才能达到融合目的,这样的附加语话题就不容易提取,位于附加语话题提取梯度的低端。(79a)中,喜欢小说与去书店之间的因果关系比较弱,(79b)中,买小说与误火车之间的因果关系更弱。(79c)中,语义较为模糊,话题链中,"高强"与主句省略主语论元之间优先关联,而"周华"又可解读为是主句的主语,因此,读者不知道生气的是高强还是周华，感觉句子比较好笑，如果把“周华”放在主句，句子的接受程度就会高许多。总之，附加语话题提取可接受性是一个梯度问题，语义、语用、语境等因素把主从事件压制的关系越紧密，话题提取的接受程度就越高。

C. 目的关系从句不可话题提取

目的附加语和主句关系比较紧密，按理说目的附加语话题提取也应该比较容易，但是不是所有目的状语从句都可以话题提取，如下：

(80)a. *真理$_i$，为了追求 e_i，他终身努力。

b. *这块圣地$_i$，为了争夺 e_i，发生了很多战争。

Xu 和 Langendoen(1985)为话题提取提出一个句法限制：话题结构中的述题本身必须合乎语法。目的状语从句中动词的宾语一般不能悬空，因为从语境中无法推测出动词的宾语，宾语不能悬空，就不能话题化。只有允许宾语悬空的目的状语从句，才可话题化，如“这本书，为了能读懂，我买了词典”。

从以上讨论中可以看出，Truswell 提出的扩展事件结构限制适用于汉语附加语话题提取，只有把主从两个事件通过概念化融合为一个单一事件，附加语话题才有可能提取，否则就成为提取的孤岛。附加语为句子的非必要成分，主从事件要做到融合必须满足较为严格的事件关系条件。通过或然关系合成的扩展单一事件与 SVO 简单事件一样，对话结构中话题与单一事件比较容易建立“有关性”语义联接。扩展事件话题提取限制与简单句和复杂句话题提取一样，除了受事件结构制约以外，还与事件中的焦点以及语言加工有关。

5.3.3 信息结构与附加语话题提取

信息组装的不同可能是语言采用不同的方式表达同一件事情

的最重要原因(Halliday, 1967; Lambrecht, 1994),因此,信息结构与句法表达密切相关。一些研究者(如 Van Valin, 1998)就指出,孤岛条件可以用信息结构来解释,提取成分必须位于潜在焦点域内,否则提取域就构成孤岛。所谓句子的焦点,是指句子中说话人假定不是他跟听话人所共享的那部分信息,是说话人最想表达的信息量,是听话人心中的新信息。话题是已知信息,是说话人有意引导听话人注意的中心,与谈论的命题相关。除了焦点和话题,信息结构中还有背景,背景对应于话题和潜在焦点域以外的成分。

Goldberg(2013)提出背景化成分是不可提取的。她采用 Erteschik-Shir(1979)、Takami(1989)和 Van Valin(1998)的否定测试确认结构的潜在焦点域,能否定的是焦点,如 I didn't read the book that Maya loaned Rachel 中,not 否定的是主句,主句为焦点域,not 不能否定定语从句 Maya loaned Rachel a book,定语从句只能充当背景信息。Goldberg(2013)提出话题与背景信息结构不可长距离依赖,因为提取的成分不能既处于语篇凸显位置,同时还处于背景不凸显位置,信息凸显上发生矛盾。只有话题和潜在焦点域内的成分才可长距离依赖,这与 Deane(1991)观点一致。附加语在句中依附于主句,作为背景信息结构,就形成了孤岛,其中的成分不能提取是显而易见的。

英语目的和原因附加语可以去背景化,相对容易提取。根据否定测试,目的和原因附加语可以被否定,如(80)和(81)中例子所示,前者表示 Shira 不是为了买一顶新帽子而去挣钱,后者表示她不是因为噪音离开电影院,这两类附加语已经成为句子焦点。

(81) a. Shira earned some money in order to buy a new hat.
　　b. Shira didn't earn some money in order to buy a new hat.
　　c. What did Shira earn some money in order to buy?

(82)a. She left the movie due to the loud noise.

b. She didn't left the movie due to the loud noise.

c. ? What did she leave the movie due to?

根据否定测试,汉语目的和因果状语从句也是可以否定的,与单一事件结构中附加语话题提取的预测一致,附加语为焦点信息,话题可以提取,如(83)和(84),这与英语附加语提取表现一样:

(83)a. 为了尽快制作那个专辑出来,所有人都加班加点。

b. 不是为了尽快制作那个专辑出来,所有人都加班加点。

c. 那个专辑$_i$,为了尽快制作 e_i 出来,所有人都加班加点。

(84)a. 因为我没有请张三,李四很不高兴。

b. 不是因为我没有请张三,李四很不高兴。

c. 张三$_i$,因为我没有请 e_i,李四很不高兴。

另外,汉语因果状语从句容易提取还有一个原因,因果复句和并列句很难区分,因果复句表现为并列句,被称为“表示因果关系的并列句”。研究证明,并列句中成分提取也受并列结构条件限制(Ross, 1967),但是并列结构提取比附加语中成分提取要容易(Myers, 2012)。Niina Zhang(2009)指出并列句之间具有语义和语用关系时,其中的成分可以提取,如(85)中所示。(85a)中并列成分之间不存在内在的,或语篇上的关系,不可提取。(85b)中二者之间存在因果关系,可以提取。因此,从事件结构看,并列结构更容易构成单一事件;从信息角度看,并列结构不是背景信息。

(85)a. * What kind of herbs$_i$ did you [[eat ____$_i$] and [drink beer]]?

b. What kind of herbs$_i$ can you [[eat ____$_i$] and [not get cancer]]?

(Myers, 2012: 446, 447)

我们从信息结构角度再看一下条件附加语和时间附加语的话

题提取。附加语只有去背景化，才有可能提取。Haiman(1978)提出条件小句就是话题，“条件小句是(或仅仅假定为是)说听双方共享知识的一部分。仅凭这一点，它被选来构成下面的话语框架”。Haiman 发现条件小句的定义与话题的定义在语义和功能方面出奇地相像。汉语作为话题突出的语言，不仅条件附加语，还包括时间附加语、原因附加语等从属句都可以作为话题，充当述题所涉及的框架。Jackendoff(2002)把信息结构划分为话题、焦点和背景，背景化成分不能提取，但作为话题的成分在一定条件下勉强提取。

5.3.4　汉语附加语话题提取的语言加工分析

神经语言学和心理语言学研究表明，如 Hofmeister 和 Sag (2010)，降级的提取可能由普遍的言语行为来解释，而不是由语言能力来解释。孤岛条件限制的本质不是句法限制，而是来自语言加工成本，成本越高，提取越困难。加工成本增加的因素多样，我们讨论的事件结构条件和信息结构条件都可以归纳为语言加工因素，非单一事件性和附加语事件的信息背景化增加认知加工成本，所以就成为孤岛。另外，从语法结构看，根据局域性理论，填充物和空位之间的依存距离越长，就越难加工，因为激活心智表征的难度随时间增加而增加，重新访问记忆项就越来越困难(参见 Gibson & Pearlmutter, 1998)。以下例子表明话题提取与句法排列有关：

(86)a. 张三$_i$，因为 e_i 是最好的人选，所以我不支持李四。

b. * 张三$_i$，我不支持李四，因为 e_i 是最好的人选。

(87)a. 张三$_i$，因为我没有请 e_i，李四很不高兴。

b. * 张三$_i$，李四很不高兴，因为我没有请 e_i。

c. 张三$_i$，李四因为我没有请 e_i，很不高兴。

长距离依赖关系的建立倾向于局域性，即我们尽可能早地把空位安置好，找到空位的着落点。(86b)中附加语放置在后，空位与话题之间的距离比较远，空位最靠近的是“李四”，优先解读为“李四”，空位与话题之间无法依存，“李四”阻断了“张三”与空位的联系，所以(86b)就没有(86a)可接受性高。同样(87b，c)空位优先与“李四”关联，最近的指称阻断了空位与话题之间的关系。(87c)的接受性也不强，请的对象可以是“李四”，在一定语境下，请的对象勉强为“张三”，这时的“张三”对“李四”来说非常重要。

英汉语句法结构的局域性存在差异，英语时态附加语与主句不能构成事件结构，时态附加语不能提取，如 * Here is the in flu ential professor$_i$ that John went to college [because he impressed e_i]。Truswell(2011)提出，只有嫁接到 VP 上的附加语才可与主句构成事件结构，而时态附加句嫁接到 IP 上，有自己的算子，提取成分与空位之间距离远，因此不能提取。但是汉语不受此条件的限制，条件状语从句和原因状语从句都可话题提取。汉语附加语提取不受时态限制是因为汉语没有时态/非时态的区别(参见 Hu，*et al.*，2001)，话题与空位之间没有起阻断效应的算子。

最后，我们再看一下其他语义、语用因素。话题提取与熟悉度(familiarity)有关，也就是话题与主句论元之间的关系紧密程度，二者之间的联系越容易激活，就越容易接受。如：

(88)a. * 那份作业$_i$，李四说他因为写 e_i 了，所以就看了报纸。

b. 那本小说$_i$，李四说他因为看 e_i 了，所以就写了文章。

c. 那本小说$_i$，李四说他因为看 e_i 了，所以就写了书评。

(88)中 c 句的接受性较强，因为“书评”很容易联想到是关于“小说”的书评，b 句“小说”和“文章”之间的联系需要更多的认知努力，才可解读为关于那本小说的文章，而 a 句“作业”和“报纸”之间无论付出多少努力，也很难把二者联系起来。

从以上讨论可以看出，汉语附加语话题提取受句法、语义、语用、信息结构等因素的制约。这些因素相互作用影响语言加工的进度，导致对可接受性判断的梯度性。附加语提取等句法研究中的所谓边缘现象向我们展示，句子生成受语义和语用因素制约，同时也受语言系统内部制约，这些因素共同构成句法—语义—语用界面。

5.4　左偏置话题结构与话题化结构

关于左偏置话题结构的生成，生成语法界有研究者（如 Ross, 1967）认为该结构与话题化结构都是移位生成的，前者移位后留下复指代词，后者留下空位。也有研究者（如 Radford, 1988）认为，左偏置话题结构是基础生成的，不适用移位规则。Rodman（1997）对于一条移位规则适用于两种结构的观点持怀疑态度，甚至质疑左偏置结构的移位生成。文旭（2006）坚持两种结构都是移位生成的，但从认知的角度提出它们是两种不同的结构，人们对同一情景采用不同的识解方式。

关于两类结构的功能，文献中讨论也较多，两种结构具有不同的语篇功能，差异表现为许多方面，如话题结构具有对比性，而左偏置结构只用于确立新话题（如 Frey, 2004; Arnaudova, 2005）；左偏置结构确定新话题，其中句首名词短语是指示性的，而话题结构预示话题的完结，句首名词短语具有回指性（Gregory&Michaelis, 2001）。文旭（2006）总结了左偏置结构具有六种不同的语用和语篇功能：强调作用、标记新的话题、标记新的信息单位、标记对比、语篇衔接功能、夸张作用。

以上左偏置结构和话题化结构的差异表现在英语当中，因为无论左偏置结构还是话题化结构都是语用需求，根据语言经济性原则，两种结构不可能相同，否则其中之一就没有存在的必要。刘林军、高远(2010)研究发现两种结构在英语中表现出的功能对立在北京话口语中已基本消失,话题化结构不仅使用频率要高于左偏置结构,还可用于左偏置结构使用的各语言环境中,左偏置结构为标记性高的结构。这一结论与程丽霞(2006)观点一致。程丽霞从历时角度指出左偏置结构在古汉语中以高频出现,话题化结构在近代汉语中超越左偏置结构而成为使用频率更高的结构类型,发展到现代汉语,这一趋势更为明显。这就说明未来话题化结构有可能取代左偏置结构。

英语中话题化结构相对左偏置结构出现频率低,受限更多,左偏置句式可以使用的地方,话题化句式却不能使用;另一方面,话题化可以使用的地方,左偏置一般总是可以使用的,如(89)所示。至于话题化结构标记化高的原因,生成语法界认为话题化受孤岛条件的限制;认知语言学界则认为话题化付出的认知努力大。

笔者认为,两种研究路径都有道理,但这也与语言本身的语法规则有关,英语话题化结构的述题部分不能独立存在,必须依赖话题,而左偏置结构的述题部分是完整的句子,可以独立存在,话题与空位之间关联的语言加工相对话题与复指代词之间的关联更加困难。

(89)a. John, I think that he won the race.

b. *John, I think that e won the race.

c. Your friend John, I saw e yesterday.

d. Your friend John, I saw him yesterday.

话题化结构在汉语这样的话题突出型语言中已不单纯是语用的需要,话题已具有重要的句法意义,因为汉语是代词脱落(pro-drop)语言,根据经济性原则,能够代词脱落就不用有复指代词,复指代词的隐现很多情况下与语法要求有关,左偏置结构有时可以挽救话题化不成立的句式,有时还会破坏话题化成立的句式。复指代词的隐现表现在三个方面:复指代词可有可无;述题部分必须有复指代词;一定不能带复指代词。生成语法界坚持话题移位生成的一派认为复指代词为显性语迹,而坚持部分话题移位生成、部分话题基础生成的一派认为移位产生的空位不能由复指代词填充,允许复指代词填充的是假性空位,即隐性复指成分。两派观点都无法解释复指代词显性或隐性的原因,本书已经摒弃形式主义的研究路径。笔者认为,复指代词的隐现规律仍然与句法、语义、语用界面因素有关,接下来我们分别来探讨一下这些复指代词出现的规律。

5.4.1　复指代词显性和隐性自由

从语用的角度看,合格的话题化结构的复指代词其隐现是自由的,话题化结构和左偏置结构形成最小的语篇结构,满足话题和述题的要求。但是这两类结构也有一定的区别,是说话人对不同语言形式作出的选择。两类结构相比较而言,话题化结构的话题和述题部分关系更密切,更简练,更能凸显话题,空位的可及性(记忆系统中的激活状态)比代词高,传递短期记忆里凸显性极强的信息,即必须依赖话题得到解读;而左偏置结构凸显话题的同时也凸显同指代名词,从语篇衔接上更连贯,但较为啰嗦,根据语言经济性原则,能使用话题化结构的就不采用左偏置结构,除非要强调复指代词,这也是话题化结构比例较高的原因。Givón(1990)把可及性从低到高划分为:定指 NP→不定指 NP→重读代词→非重读代词→零位,复指代词的可及性也很高,语言发展的趋势是话题化结构在话题结构中占的比重会越来越高,最终完全取代左偏置结构。

(90)a. 我的二女儿呢,在北京卷烟厂工作。

b. 我的二女儿呢,她在北京卷烟厂工作。

c. 张三,大家都喜欢。

d. 张三,大家都喜欢他。

(91)a. 张三,唱歌的声音很好听。

b. 张三,他唱歌的声音很好听。

c. 张三,爸爸很有钱。

d. 张三,他爸爸很有钱。

简单句的话题化在汉语中最为常见,主语位置和宾语位置空位和复指代词自由隐现,如(90)所示,但更多是隐性复指代词,即以空位的形式出现,尤其是宾语位置提取的话题化结构。复杂结构话题提取比较少见,如(91),相对隐性复指代词的简洁性,显性复指代词的作用更清晰,避免语言的模糊和歧义。因此,概括来说,复指代词的隐现是自由的,但是也有其语用目的,默认的形式是空位,以达到语言经济性目的,当复指代词出现时,是为了语言连贯性和清晰性的目的。无论哪种目的,语言加工省力性是一致的,所以两种结构都可以接受。同时,我们还发现左偏置结构更偏重语篇连贯,对话题结构述题部分的状态性要求相对较松,动作性较强的左偏置结构也可接受,如“张三,李四打了 * e/他”,“那个学生,老师骂了 * e/他”。

5.4.2 复指代词的显性强制

复指代词的必须显性出现与语言语法规则有关。也就是说,复指代词必须出现是语法的要求,并不是所有论元都可以自由脱落成为空位。复指代词强制出现主要表现为介词宾语、兼语、间接宾语、悬空动词宾语,复指代词还是挽救大多数话题化不可接受的重要手段。

介词悬空在汉语语法中一般是禁止的。介词必须支配其后面的宾语成分,介词不像句子的谓语动词能够较远距离对范畴化论元进行支配,介宾结构关系紧密,不容易从中提取话题,这是语言的共性。但是,由于很多汉语介词是从动词语法化而成的,就有可能带有动词的特征，个别情况下也可以话题提取，从语用上达到简洁明了的目的。常见介词有“跟”“在”“把”“被”“用”等，如(92a-e)所示，可以介词悬空；(92f，g)中的例子添加了趋向动词，更增加了介词的动词性；当工具、材料论元作话题时，还可以不用介词或介词加趋向动词，如(92h，i，j)：

(92)a. 李四，我跟他/*e不熟。

b. 那个地方，我在那儿/*e住过。

c. 张三，债主把他/*e告到法院。

d. 吴先生，张三被他/*e骂得很厉害。

e. 那把刀，我用它/*e切肉。

f. 那把刀，我用它/e来切肉。

g. 这块地，我拿它/e来种花。

h. 这把刀，我切肉。

i. 这块地，我种了牡丹花。

j. 这块肉，我包了饺子。

兼语是指论元成分既可以作句子第一个动词的受事宾语，也可以作第二个动词的施事主语，兼语式表现为 $NP_1+V_1+NP_2+V_2$，其中 NP_2 为兼语，V_1 通常是使令性的，如“陪”“请”“让”“命令”“劝”等，之所以 NP_2 话题提取后必须有复指代词是因为空位的述题部分本身不合语法，Xu和Langendoen(1985)提出话题结构的句法限制：话题结构中的述题部分本身必须合乎语法。同时，根据音韵句法，V_1 和 V_2 固化成词而构成语音成分(韵律词或复合韵律词)时，无需出现复指代词(陈宗利、王恒英，2008)，所以(93a-c)复指代词必须出现，而(93d)趋向动词“去”就把 V_1 和 V_2 固化成一个动词，复指代词就成为可选择的。

(93)a. 那个学生，我劝她/*e好好学习。

b. 张三，我让他/*e去送一封信。

c. 张三，公司派他/＊e出国。

d. 张三，公司派他/e去美国。

间接宾语作话题也往往需要复指代词。熊仲儒(2010)认为，间接宾语移位后留复指代词主要是为了获得固有格。笔者认为他的观察是有道理的，但不同意他无法从空位处获得格的说法，因为述题部分的成分已经饱满，根本就没有空位存在的必要，这样一来话题与述题之间就失去关系，必须出现复指代词来达到语篇连贯。双宾语句如下，动词分为受益类(94a)，受损类(94b，c)和等同类(94c)：

(94)a. 张三，我送了他一本书。

b. 玛丽，我借了她一百元。

c. 那个姑娘，小偷抢了她的钱包。

d. 张三，我们称他为“活雷锋”。

汉语中有一类动词不允许宾语悬空，也就是这类动词后面不存在空位，主要是关系动词，如“属于”“是”“具有”“像”“不如”“等于”“号称”“成为”等。袁毓林(1996)指出这些动词的主语不是严格意义的施事，宾语也不是严格意义的受事，宾语不能省略。省略宾语后述题部分本身不可接受，因此这类动词必须有话题的复指代词或名词，如下：

(95)a. 玛丽，我不如她。

b. 北京，我们属于这里。

c. 张三，我像他。

d. 张三，那个背影像他。

当话题化不可接受时，复指代词是最后的依赖方式(last resort)(Shlonsky，1992)。生成语法认为当话题化违背孤岛条件等句法限制时，复指代词能够挽救句子，因为左偏置结构与移位无关。笔者则认为强制复指代词是为了减少语言加工付出，其中包括减少语言的模糊或歧义，如：

(96)a. 张三，我念了不少他/*e 写的书。

b. 小宝，我知道妈妈骗他/*e 是出于无奈。

c. 张三，我看见他/*e 爸爸了。

d. 那个女孩，我讨厌她的/*e 长辫子。

5.4.3 复指代词的隐性强制

复指代词被认为是话题化失败的最后求助手段，但并不是所有话题化空位都可以由复指代词填充，这与汉语代词独有的特性有关。人称代词与指物代词有很大的区别，汉语的无生命名词一般不会用代词"它"复指，除非特殊情况下，所以该类空位被认为没有显性语音内容的复指代词(石定栩，1999)。这些不能显性语音内容的复指代词一般处于宾语位置，除非为了强调，如(97)。直接宾语话题化后无论什么时候也没有复指代词，这不仅与代词的属性有关，也与双宾语结构特性有关，添加了复指代词后述题部分本身不合语法，代词不能作直接宾语，如(98)：

(97)a. *这本书，读过它的人不多。

b. *历史，你没有办法改写它。

c. *那个报告，老板批准了它了。

d. *这个念头他从来没有忘记过它。

(98)a. *那张罚单，张三给了李四它。

b. *那个礼物，我送了张三它。

复指代词的强制隐性还有话题的性质有关，即使是指人的话题也并不总能有复指代词。话题要满足有定性或类指性，类指话题不存在对应的复指代词，因为类指名词短语与"他们"在所指上并不一致，类指指一类事物，或者泛指一类事物，具有较低的可及性和非个体性，是一个集合；而"他们"具有特指性，在真值条件上不同。因此，类指话题只能有空位与之一致，光杆名词短语往往表示类指，如(99)所示：

(99)a. 警察，小明去年见过 e/ * 他们。

b. 学生，e/ * 他们就应该努力学习。

c. 富人，我没见过 e/ * 他们。

d. 大腕，我在电视上看见过 e/ * 他们。

综上所述，复指代词的隐现有语用原因，更多的是语法本身的原因，话题提取的结构越复杂，复指代词出现的可能性越高，因为复指代词的出现有助于语言加工。

5.5　本章小结

本章讨论了英语式话题结构生成所受的句法、语义、语用限制以及话题复指代词隐现规律。话题对应于述题中不同的句法位置分为三类：简单句、复杂结构、附加语结构。研究表明，这些话题结构的生成与孤岛条件无关，没有统一的句法、语义生成机制，能否生成合格的话题句在于如何正确理解述题中的空位或复指代词，话题与述题句法位置共指关系的建立确保话题和述题之间的“相关性”确立，但“相关性”确立往往依赖语义和语用因素，话题结构的生成也是最小对话结构或话语的生成。话题结构的生成与事件结构、信息结构、物性结构、语言加工等密切相关，所有话题结构都要满足语义融合。话题结构生成的句法—语义—语用界面模型具体表现如下(图 5-1)：

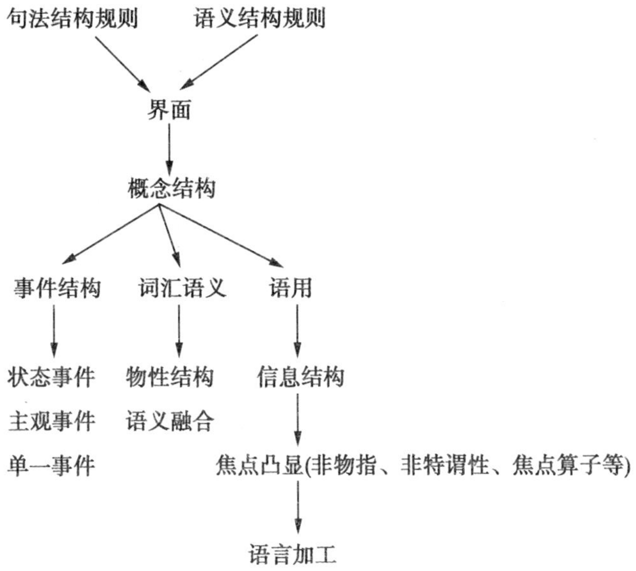

图 5-1　话题结构生成的句法—语义—语用界面模型

各类型话题结构及其生成限制总结如下(表 5-1):

表 5-1　　英语式话题结构类型及生成条件

英语式话题类型	话题次类型	举例	生成条件
简单句中提取的话题结构	主语位置话题提取	a. 这样的事,居然还有许多。	事件的状态化主观化
	宾语位置话题提取	b. 这本书,我读过了。	
复杂句中提取的话题结构	复杂名词短语话题提取	a. 这本书,读过的人不多。	非特指性 非特谓事件 物性结构 语言加工
	主语从句话题提取	b. 这些事他说不合适。	
	领属 NP 话题提取	c. 张三,爸爸很有钱。	

续表

英语式话题类型	话题次类型	举例	生成条件
附加语中提取的话题结构	原因状语从句话题提取	a. 张三,因为我没有请e,李四很不高兴。	扩展事件结构 信息结构 语言加工
	目的状语从句话题提取	b. 那个专辑,为了尽快制作e出来,所有人都加班加点。	
	事件状语从句话题提取	c. 这个秘密,他老婆发现e以后,才决定跟他离婚。	
	条件状语从句话题提取	d. 那份作业,老师说李四只有完成了,才可以看报纸。	

第 6 章　汉语式话题结构界面研究

汉语式话题结构是相对英语式话题结构的一种分类，是汉语独有的一种话题结构。当然从语言共性来看，汉语式话题结构并不独特，因为它是话题突出语言中常见的一类结构，如日语和韩语。有研究者认为该类话题游离于句子之外，完全靠语用要素与述题部分相关。的确，因为不像英语式话题那样归位于句子的某个空位或与某个代名词共指，汉语式话题与述题部分之间的关系比较松散，而这类结构作为话题突出语言的重要表现，已经语法化为一个句法成分，汉语式话题与述题部分到底是什么样的“有关性”是我们要探讨的重点。研究者对汉语式话题探讨较少，“有关性”也比较模糊。笔者认为，尽管汉语式话题与述题部分关系松散，该话题也不是无限自由的，必然受到某些制约，找出语义联接模式是我们要解决的问题。

汉语式话题具有不同的名称，反映了不同学者对其本质的认识，如语域式话题（徐烈炯、刘丹青，1998），框架设置话题（frame-setting topic）（Gasde，1999），悬垂话题（dangling topic）（Pan&Hu，2008）。为了使语言规则具有统一性，研究者尝试对所有话题结构提出一个生成规则，如石定栩（1998，2000）坚持话题结构的移位说，不得不把没有空位的六类汉语式话题结构排除出话题结构的范围，认为它们是主谓句。Pan 和 Hu（2002，2008）的语义交集的话题允准条件也过于严格，有些话题与述题没有交集也很正常，如背景式话题“生物伦理学，我是外行”。因此，笔者认为语言的复杂性使得单一规则的存在比较困难，不同的话题结构采用不同的方法达到“有关性”的要求，概括起来就是要满足一定的语义和语用条件。

汉语式话题类型多样。如徐烈炯、刘丹青(1998)的语域式话题分为时地语域式话题、领格语域式话题、上位语域式话题、背景语域式话题四类；再如陈平(1996)划分的部分不能复原的事例话题、框架话题、范围话题；熊仲儒(2007)把汉语式话题分为真悬垂话题和假悬垂话题，前者可以关系化，后者不能关系化。文献中汉语式话题分类有重叠的地方，我们在第二章已经讨论。本章借鉴前人研究的分类，主要研究时地语域式话题、上位语域式话题、背景语域式话题，探讨这些话题句生成需要满足的条件，然后再重新思考话题的分类，我们把领格语域式话题放在了英语式话题范围之内。

6.1 时地语域式话题

我们所说的时地语域式话题是指时间和地点名词短语话题，不包括有介词引导的时间和地点名词短语，也不包括“台上坐着主席团”这样的存现句，第二章话题界定时我们已排除这两类分歧较大的句子。时间和地点名词短语在句中跟动词没有选择关系，而是对谓语动词进行修饰，所以这类话题也称作“框架话题”。时地语域式话题与述题部分的关系相对紧密，徐烈炯、刘丹青(1998)就认为该类话题处于论元共指式话题和其他语域话题之间。但是笔者认为，话题为述题提供框架只是“有关性”的一个方面，时间和地点状语也能满足这一条件，“有关性”还必须满足所有话题结构中述题对话题说明或评述的语义要求，所以并不是所有句首时间或地点名词短语都可以作话题。

6.1.1 时地语域式话题界定

时地语域式话题为后面的述题部分提供时间或空间范围，从语义上看，袁毓林(1996)称时间和地点为“环境格”(situational case)，相对于其他施事、受事、与事、工具等语义格。从认知语言学角度来看，该类话题同其他话题一样提供事件的参照点，话题处于信息凸显位置，说话人引导听话人注意的中心，话题激活述题，建立二者之间心理通达，汉语句首介词的省略也表明了句首的话题位置，如下所示：

(1)a. 周末我们不上班。

b. 中秋节月亮很大。

c. 会议室里，代表们在热烈地讨论问题。

d. 院子里，树叶落满了一地。

以上句子具有歧义性，句首NP既可以理解为状语，也可以理解为话题，前者强调的是事件的叙述，后者凸显的是时间和空间，表明在该时间或空间内发生的事件或存在的情景，更多是事件的描写或说明。状语NP只表明时空框架，而话题NP既表示时空框架，也表明是谈论的对象，同时也隐含对比，如“周末我们不上班，平时我们就特别忙”。

笔者并不认为状语一定位于主语之后，其位置比较灵活，位于句首也并非话题化的结果，张俐(1997)就指出汉语中存在一些不能后移的状语，能否后移受结构和语义的制约，如承上启下的状语就不能后移：“就这样，三毛成了荷西命中的天使。”相对于主语后谓词前的时空状语，句首时地状语具有一定的话题性，但也不可否认它的状语属性，绝大多数句首时空NP同时具备状语和话题的特征，当不具备话题的定指性或特指性等特征时，只能理解为状语，如下：

(2)a. 一天早晨，一位先生来到我家。
b. 一个寒冷的冬天，路上有一条冻僵的蛇。
c. 一张桌子上，学习用书摞得很高。
d. 一条大街上，人来人往，非常热闹。

6.1.2 时地语域式话题分类

时地语域式话题分为多种类型。根据话题的复指情况，该类话题分为没有复指成分、可以带有复指成分和必须有复指成分三类，分别如下：

(3)a. 这年冬天本地天气怪异。
b. 上午十点钟我们都在上课。
c. 幼儿园里孩子们在蹦蹦跳跳。
d. 孩子的世界里，一切是可以实现的。

(4)a. 20 世纪 70 年代，我们国家那时还不富裕。
b. 1990 年，我那年考进了大学。
c. 楼道里，有人在那里唱歌。
d. 公园里很多人在那里散步。

(5)a. *加拿大，她交了一个好朋友。
b. 加拿大，她在那儿交了一个好朋友。
c. 在加拿大，她交了一个好朋友。

比较以上三类时地语域式话题可以看出，第二类具有复指成分的话题与述题关系比第一类没有复指成分的语义关联要紧密，而第三类“加拿大”也是地点，但由于地点名词也可作论元，如“去加拿大”，所以地点名词具有歧义性，无法提供清晰的空间框架，必须有复指成分或变成介词引导的状语后才可成立。清晰的时空框架是时地语域式话题成立的必要条件，解决这个问题的方法往往是时间或地点后添加方位词,如“楼道里”“桌子上”“春节后”。方位不清晰的光杆处所名词是句首介词必须存在的原因,这些光杆名词通常不能与方位词结合,单独使用起不到定位的作用,无法表达准确的处所义,类似的例子再有:

(6)a. *青岛,我已工作多年。
b. 在青岛,我已工作多年。
c. *上海,我遇到了人生中最重要的一个人。
d. 在上海,我遇到了人生中最重要的一个人。
e. *美国,她带回了许多非常好看的风景图片。
f. 从美国,她带回了许多非常好看的风景图片。

时地语域式话题并不总是与述题关系非常松散,有时也可以与述题中的状语发生语义关联,这样的时地语域式话题就与述题之间关系紧密起来,如下例子中话题与后面的状语相当于整体—部分关系,依赖这种关系,可以挽救那些光杆时地话题:

(7)a. 火车上,我们在餐厅吃饭。
b. 昨天,我们上午上课,下午休息。
c. 青岛,我曾在海边住过。
d. 这张桌子,我在上面刻了字。

概括来说,时地语域式话题结构其话题性最低,这类话题一般不能用“关于”“至于”等典型话题标记引导,其中有复指成分或与状语形成整体—部分关系的话题其话题性相对高一些。时地语域式话题默认状态下既有话题的特征,也有状语的特征,在特定条件下发挥的语法功能才可明晰。时地语域式话题结构生成所受的限制较少,只要时空定位清晰,更好地发挥参照点和环境格的作用,就可生成合格的话题结构。

6.2 上位语域式话题

我们在第五章探讨了领格语域式话题，发现领属者与被领属者之间关系比较复杂，二者之间的让渡关系和非让渡关系形成一个连续统，其关系的密切程度影响了话题提取。上位语域式话题与提取域之间关系相对单纯，话题与述题中的成分之间是上下位关系，或称作全集与子集关系和种属关系。例如：

(8)a. 宠物，我喜欢狗。

b. 文学名著，我最喜欢《红楼梦》。

c. 衣服我只穿这个牌子。

d. 危害社会安全行为，抢劫是其中比较严重的行为。

6.2.1 上位语域式话题的认知基础

上下义关系符合人们的认知方式，我们把事物认识划分为三类：上位范畴、基本层次范畴和下位范畴，其中基本层次范畴具有认知优先性，最自然。王寅、李弘(2003:138)指出，基本范畴具有经验感觉上的完整性、心理认识上的易辨性、地位等级上的优先性、行为反应上的一致性、语言交际上的常用性、相关线索的有效性以及知识和思维的组织性。上位范畴和下位范畴是在认知发展过程中在基本范畴的基础上对事物分类分别进行抽象化和具体化。上位语域式话题激活其下位义，尽管下位义具有传递性，最容易激活的还是其最近的下位义。以下例子之所以接受性不强是因为两个范畴所在层次之间没有紧邻，上位范畴越过基本层次范畴语义联接其下位范畴，语言加工相对困难：

(9)a. ＊植物，我喜欢玫瑰。

b. ＊食物，我最爱苹果。

c. ＊水果，我喜欢红富士苹果。

d. ＊交通工具，我乘坐奥迪车。

范畴是人们通过思维对世界进行认知分类的产物。范畴具有主观性，蕴含话语参与者的主观认识，范畴又具有模糊性，其成员具有相似性，又分为典型成员和非典型成员(Rosch，1973，1975)。以下句子的接受性不高与范畴的特点密切相关，话题的上层范畴更容易激活其下层的典型成员，非典型成员就使得话题句比较荒谬：

(10)a. ？水果，我喜欢吃黄瓜。

b. 家具，我买了风扇。

6.2.2 上位语域式话题的语义限制

上位语域式话题经常与整体—部分关系的领格语域式话题发生混淆，二者都是基本的认知模式。前者从类属上分类，表示Y是一种X，如“苹果是一种水果”；后者从构成上分类，表示Y是X的一部分，如“显示屏是电脑的一部分”。需要探讨的问题是，领属关系中无论是领属者还是被领属者都可以作话题，为什么下义词不能作话题？领属者作话题我们已经讨论了很多，被领属者也可以作话题，显性所属关系标记“的”使得句子接受性更强，如下：

(11)a. 这栋大楼，门窗都坏了。

b. 门窗啊，这栋大楼很好。

c. 大象，鼻子长。

d. 鼻子，大象的很长。

e. 鼻子，大象很特别。

不仅整体—部分领属关系中的领属者和被领属者可以提取话

题，其他关系相对松散的领属关系中的领属者和被领属者也可以提取话题，如(12)。特别是与地点相关的领属关系，领属者和被领属者提取都比较常见，如(13)所示，日语中也有这一类话题，如“かき料理は広島が本場だ(牡蛎料理，广岛是主要产地)”，表明该类话题的语言共性。

(12)a. 名字，我只记得那个学生的。

b. 性格，张三(的)最平和。

(13)a. 巴黎，香水很有名。

b. 香水，巴黎很有名。

c. 纽约物价很高。

d. 物价纽约很高。

e. 这一带，银行很多。

f. 银行，这一带很多。

上位语域式话题结构只能由上位词作话题，下位词不能作话题，为什么下位词不能像被领属者一样激活认知关系的另一半呢？如下：

(14)a. ＊苹果，我喜欢吃水果。

b. ＊老虎，动物最凶猛。

从以上例子可以看出，无论是上位语域式话题，还是领属话题，两个种类都符合我们的认知规律。我们先提及概括性的范畴，再激活具体的范畴，而不是反过来。因为概括性的范畴能预测它的组成部分，而具体范畴则不可预测概括性范畴，它可能属于不同的概括性范畴，如《红楼梦》属于文学名著，也属于古典著作，还属于小说等。所有话题都具有框架话题的特征，我们在特定框架中谈论框架内的事物，达到话题结构通过已知谈论未知。被领属者作为话题并不违背以上原则，因为这时的被领属者并不表示定指，而是类指，而相应的领属者表示定指，当定指不清楚时就要添加“的”进一步确定其具体性，从这个意义上讲，被领属话题属于上位语域式话题。刘丹青(2003)把框架设置话题遵守认知原则概括为“框架大于内容原则”(The Principle of Frame Being Bigger)，话题比述题相关成分更加概括、更加宽泛。

6.2.3　上位语域式话题的语用限制

句首NP与句中其他NP之间是上下义语义关系的确是合格话题结构生成的条件，有些上下义关系不像“苹果—水果”之间的关系那样明确，只有我们在语言加工时能够从认知上确定二者之间的上下义关系，句子也可以接受。下面Pan和Hu(2008)的例子就表明建立上下义关系可以挽救一些话题结构，(15a)“幼儿园的小孩”与“儿子”之间没有语义关系，而(15b)中焦点副词“只”的添加在“幼儿园的小孩”与“儿子”间建起来一座桥梁，形成上位语域式话题。

(15)a. *幼儿园的小孩，张三教儿子画画。

b. 幼儿园的小孩，张三只教儿子画画。

对于此类话题结构，有学者或许争辩它们不是上位语域式话题结构，它们不像上下义关系，而更像是整体—部分关系。笔者认为，即使是整体—部分关系，也不是典型领属关系话题结构。因为二者之间不像“这棵树的花”那样添加“的”，我们仍然认为它们是上位语域式话题结构，“幼儿园的小孩”上位范畴分为下位范畴“儿子”和“其他孩子”。总之，上位语域式话题合格条件来自话题和述题之间的范畴语义关系。该语义关系不仅存在于词汇义当中，也与语用义密切关系，合适的语用条件也可以形成上下义关系。

6.3　背景语域式话题

本书中前面探讨的话题与述题之间都存在某种语义关系，背景语域式话题与述题之间的关系最为松散。所谓关系松散，笔者认为并不是语义松散，而是句法松散，话题在述题中找不到与之具有明确语义关系的句法成分或空位，只能依赖语境或百科知识来补充话题和述题之间的关系。戴燃(2017:73)概括了背景语域式话题的三个标准：第一，句首 NP 不是句中动词的论元，但是跟后边的命题小句有某种语义关联；第二，句首 NP 不是时间和地点名词，并且跟命题小句中的成分没有明确的领属、从属等关系；第三，句首 NP 可以在命题小句后补出多种语义可能的共指成分，句首 NP 跟命题小句之间可以是条件、因果、转折、并列、递进等比较复杂的语义关系。

笔者认为，背景语域话题结构最能体现话题突出语言的特征，话题具有独立的句法位置，背景语域话题与述题关系最松散，“有关性”最难界定，更多情况下依赖语用因素。我们把背景语域式话题分为几个类别，句法关联越来越模糊。

6.3.1　模糊语义联接的话题结构

此类话题结构中，话题与述题的某个论元具有明确领属或上下义关系以外的语义关系，“有关性”依赖话题与述题论元之间模糊的语义关系。这一类话题争议较多，有人把它们排除出汉语式话题之外，如石定栩(1998)，更多的人把它们定义为背景式话题，如(16)。

笔者认为，这些具有上下义的特征，“他们”可以分为“你”和“我”两类，以及“大鱼”和“小鱼”，当然也有整体—部分关系，所以处于两类话题类型之间，具有边缘性。虽然“大鱼吃小鱼”为成语结构，但从认知上“大鱼”和“小鱼”的隐喻意义也是针对“他们”的分类。

(16)a. 他们，你看我，我看你。

b. 他们，大鱼吃小鱼。

还有一种全称量词作主语的背景语域式话题结构。全称量词表示任何一个、每一个、所有、全部、一切。全称量词主语已经表明了它与话题之间的关系，(17a)表示“他们”和“他们中的任何人”，(17b)表示“他”与“他的各个方面”，可以看出话题与全称量词之间语义关系还是比较明确的。

(17)a. 他们谁都不来。

b. 他什么都很优秀。

文献中还有一类数量词作主语的背景语域式话题结构。这类数量词充当话题的计量单位，(18a，b)分别表示“一斤豆子的价钱”和“一天出租车的租金”，话题与计量单位之间的语义联接也比较容易。

(18)a. 那种豆子一斤 30 块钱。

b. 出租车一天 3000 元。

刘丹青(2003)又提出一种新的话题结构，计量单位处于宾语位置。该类话题结构称作“论元分裂式话题结构”，受事类论元分裂为两个句法成分，一个作话题，一个充当宾语，如下所示：

(19)a. 衬衫他买了三件。

b. 这种衬衫他买了三件。

c. 蓝衬衫他买了三件。

d. 那类角色他扮演过许多个。

(刘丹青，2003：222-223)

话题由类指名词短语充当，与话题语义联系的是述题位置的数量词，同样符合框架话题的特征。刘丹青(2003)认为，除了数量短语充当宾语，“的”字短语也可以充当宾语，如下：

(20)a. 衬衫他买了蓝的。

b. 衬衫他买了格子的。

c. 衬衫他买了老王从上海带来的。

d. 衬衫他买了三件蓝的。

（刘丹青，2003：224）

按照刘丹青的看法，论元分裂式话题结构分为两类：一类是述题位置的数量短语为宾语；一类是“的”字短语作宾语。但是笔者认为这两类性质并不相同，前者是背景式话题，后者属于语义关系清晰的上位语域式话题或领属关系语域话题。“的”字短语具有分类属性，“的”字具有分类功能，“的”短语是分类结果的一种。石毓智(2000：19)提出“的”语法功能就是从一个认知域中确定出成员（一个或多个）。张时阳(2011：59)总结了“的”字短语“X＋的＋Y”中X的语义类别，常见的语义类别有下列几种：(1)表示领有者，如：我的[苹果]，祥子的[车]；(2)表示动作，如：跑步的[人]，吃的[东西]；(3)表示处所，如：桌子上的[书]，车上的[人]；(4)表示性质，如：聪明的[孩子]，重要的[事情]；(5)表示时间，如：昨天的[票]，明年的[计划]；(6)复合语义类别，如：站在门口的[人]，昨天买的[玩具]。X的语义分类是Y分类的前提，就话题结构来说，话题是Y，述题中的宾语是“X＋的”，Y和“X＋的”二者之间就是上下义关系。

以上这两类话题具有一定的共性，即话题在指称上相同，属于类指，具有可分性，但话题不可进一步分类时，就变成另外一种话题，属于非典型的领属话题，如下所示，话题表示定指，话题和数量短语之间是整体—部分关系：

(21)a. 这批衬衫他买了三件。

b. 这碗汤团她吃了三个。

从以上讨论可以看出，话题和述题之间模糊语义联接模式多种多样，但仍然脱离不了我们常见的认知框架，是边缘性的上下义关系或领属关系。这种话题句语言加工时相对语义清晰的话题句要困难一些，但正因为它们仍然属于人类熟悉的认知框架，所以这些句子可以接受。

6.3.2　语用限制的话题结构

许多研究者认为，语用限制类话题与述题任何成分之间都不存在句法语义关联，更没有共指的语义空位，因为述题论元都是满的。这类话题结构最能代表话题突出语言，在话题句中占的比例也较高，日语中也有此类句子(参见冯亚君，2010：33-34)，如“このにおいはガスが漏れてるよ(这种气味是煤气泄漏了)”。日语中这样的句子被称作“破格句”，在语法结构或者语义上看起来都有些不合规则，或者缺省了某些部分，如“面接は5号にどうぞ(口语考试5号来)”，或者从全句中提取一个大概的内容作话题，如“この度の津波では、多くの国から救援隊が派遣されている(这次海啸，很多国家都派出了救援队)”。常见汉语话题结构如(22)所示，这些超出了语言学研究的范围，已经不是人类的语言知识，而属于外部世界知识(徐烈炯、刘丹青，1998：139)。尽管属于语用范畴，我们接受起来毫不费力，从语言加工上看，并不是语用关联要难于语义关联。

(22) a. 生物伦理学我是门外汉。

b. 这件事情你不能光麻烦一个人。

c. 黄色的土地大粪最合适。

d. 红楼梦的研究，他是最权威的专家。

e. 这件事，中国人民的经验是太多了。

f. 获奖电影，你们得多准备好一些加座。

g. 旅游，我们去三亚。

以上话题让我们联想到 Huang(1989)提出的次范畴化话题(subcategorized topic)。根据 Huang(1989),次范畴化话题结构中,动词有两个次范畴化论元,一个是主语论元,一个是话题论元,话题论元不能出现在宾语位置,也就是说话题没有复指代词或空位。话题次范畴化与汉语中一类独特动词相关,话题与动词之间具有语义选择关系但没有句法选择关系,话题具有目标/受事题元角色,主语具有施事题元角色。Huang(1989)把这类汉语独特的动词分为两类,一类是四字成语或多于四字成语,一类是双音节动词,相应形成两类话题结构:

(23)a. 这件事,我无能为力。

b. 这件事,你高抬贵手。

c. 这件事,我半信半疑。

d. 这件事,你不看僧面看佛面。

(Huang,1989,附录)

(24)a. 婚姻的事,爸爸做主。

b. 你的好意,我心领了。

c. 这篇文章,请你过目。

d. 文章的事,你放心。

(Huang,1989,附录)

次范畴化话题是话题化的反例,证明话题不是移位生成的,这一点(22)与(23)、(24)具有一致性,因为话题在述题没有句法位置,二者述题语义独立。(22)与(23)(24)的差异性在于前者与谓语之间没有直接的语义关联,存在于整个述题提供的命题概念当中;而后者话题在谓语的概念结构当中;语义关系更加明确,其中(22)与(23)的区别性很小。笔者认为,(22)与(23)(24)可以归为一类背景语域式话题,由述题提供概念结构,概念结构的建立离不开语用推理——关联原则的遵守,关联原则把话题与语义已经饱满的述题联接起来。

概念结构的建立不仅依赖世界知识,还依赖语境把依赖世界知识难于建立的话题述题关系建立起来。(25)中,必须依赖语境填补话题与述题之间的空白,如(25a)中开会的路上想更多了解类风湿性关节炎这个病,(25b)由于下雨,回来晚了,误了吃饭点。这类非常依赖语境的话题结构语言加工起来耗费最多,一般不可以接受,除非语境清晰,使得语言加工简单。该类话题也说明话题具有语法化位置,语法规则上看,任何事物都可以是谈论的对象,能否谈论成功受语义和语用因素的影响,语法上可行,语义或语用上不可接受。

(25)a. ? 类风湿性关节炎,我得多带几本书。

b. 那场大雨,我们该吃饭了。　(屈承熹,2003: 2)

话题和述题之间"有关性"建立的成功与否往往依赖话题标记,话题标记各种各样,如"嘛""呢""啊""至于""关于""对于""说到""提起""提到"等,话题标记标志会话的起始,具有主观性,话题标记使得话题和述题更容易建立关联,尤其是"至于""关于""对于""说到""提起""提到"等话题标记提供会话的框架,预示着有后续成分,属于话题焦点标记。当话题共知信息不明显或不确定时,可以使用话题标记明确地表达出来,话题标记可以使用到任何话题结构类型中,尤其背景语域式话题。这些话题标记能够挽救许多难以接受的背景语域式话题结构,如(26)所示,话题结构添加"关于""说到""提起"等话题标记后,其接受性大大加强,更多对比如(27)。

(26)a. 至于类风湿性关节炎,我得多带几本书。

b. 提到那场大雨,我们该吃饭了。

(27)a. * 阿根廷,我们想到足球。

b. 说到阿根廷,我们想到足球。

c. * 实践,我们的物质基础太差了。

d. 关于实践,我们的物质基础太差了。

e. ＊物质奖励，我站在小张这一边。

f. 关于物质奖励，我站在小张这一边。

g. ＊我的家乡，我有好多梦想。

h. 关于我的家乡，我有好多梦想。

综上所述，背景语域式话题建立在语用推理之上，是否需要语境和话题标记与推理的难易程度有关。根据语言经济性原则，话题标记通常情况下是可以选择的，但话题和述题关系难以确定时，话题标记就成为必需的。语境和话题标记的作用就是建立一个交际语篇，搭建起话题和述题的关系。“话题的使用是说话人顺应特定的语言结构和语境需要所进行的语言选择，是一种动态的句法组合的结果。”(冯君亚，2010：34)

6.3.3 “幸亏句”话题结构

背景语域式话题还有一个类型—“幸亏句”，它是这类话题结构的典型代表，学界大致都承认它是一个省略句式，话题能够在扩展的述题中得到复指，扩展的语篇范围最广。根据《现代汉语八百词》，副词“幸亏”指由于某种有利条件而侥幸避免不良后果。邵敬敏、王宜广(2011)概括“幸亏句”为：在不利的情况下，由于存在或出现了某种有利的条件或者原因，促使不利向有利方面发展，并为此感到庆幸。“幸亏”类副词还有“幸好”“多亏”“幸而”“亏得”等，经常与副词“才”或连词“不然”“否则”“要不”连用。“幸亏”话题句如下：

(28)a. 那场火，幸亏消防队来得快。

b. 去年那场大雪，幸亏房子建得坚固。

c. 那所大学，亏得我没去上。

d. 我的英语，多亏了老师的悉心教导。

e. 那座桥，幸好没下雨。

“幸亏句”后面句子经常省略，原因之一是听话人根据当时的语境，能够理解和领会说话者的言外之意，体现语言经济性原则；原因之二是“不然”“否则”“要不”引导的主句一般不具有好的结果，从语言禁忌的角度来说也要省略，石定栩(1998)提出省略掉才符合中国人忌讳灾难的习惯。“幸亏句”补充形式可以多种多样，话题能在其中找到位置，因此，在扩展的语篇中能找到语义联接，(28a)扩展如下：

(29)a. 那场火，幸亏消防队员来得快，否则 e 不定会烧成什么样子。

b. 那场火，幸亏消防队员来得快，否则 e 早把什么都烧光了。

c. 那场火，幸亏消防队员来得快，否则 e 造成的后果就太可怕了。

d. 那场火，幸亏消防队员来得快，否则 e 会造成无法估量的损失。

“幸亏”类副词后面的部分是述者想要表达或是突出强调的内容，也就是说，是话语的焦点部分，“那场大火”属于“幸亏句”的语用前提，焦点是“消防队员来得快”。“幸亏”类副词具有明显的篇章连接功能，把语用前提(交际框架)和信息焦点连接起来，满足话题和述题语义或语用连接的要求。另外，“幸亏”类副词除了语篇连接功能以外，还具有主观性特征，口语性比较强，能够满足述题对话题主观评论的要求。

概括三类背景语域式话题结构的特征，可以看出虽然该类话题与述题之间的句法关系最为松散，但不可否认语义因素也起着重要作用，述题和话题之间的语义联接仍然密切。话题和述题的语义联接表现在话题与述题某个成分之间模糊的语义关系、话题标记和连接副词，话题句总给我们留下语义联接痕迹。语用因素在话题结构生成中发挥重要作用，完全靠语用推理的占少数，因为这样的句子从语言加工上来看付出的努力最多，语用关联也是在我们的认知框架之下。

概括来说，汉语式话题结构与英语式话题结构的生成机制是一样的，提及一个话题，把话题与述题关联起来，构成最小的话语或对话结构，汉语对话结构语法化为基本句子结构。英语式话题结构通过话题与述题中空位同指激活话题和述题之间的"有关性"，激活的手段包括述题的焦点凸显、述题事件的状态化和主观化等；而汉语式话题结构通过话题认知起点激活与述题或述题成分之间的"相关性"语义或语用联接，其中述题事件主观化有助于激活过程，激活过程是认知过程，也是语言加工过程。

6.4 话题结构分类的再思考

讨论完英语式话题结构和汉语式话题结构，我们有必要重新考虑话题结构的语义分类，话题通过语义与述题达到"相关性"关联。关联的方式有四种。

第一，语义角色的关联。话题在述题当中充当施事、受事、感事、工具、与事、领属和环境等语义格，也就把具有句法空位或复指代词的话题归结为一类，包括领属话题和时地语域式话题。这类话题和述题关系密切，话题与同指空位或复指成分能否顺利关联取决于语言加工的顺利进行。

第二，认知语义关联。话题与述题某个论元具有上下义关系和整体—部分关系，这些认知关系可以清晰，如上位语域式话题和领格语域式话题。领属话题与领格语域式话题有包含关系，领格语域式话题是典型的领属话题之一，如"大象，鼻子长"。话题与述题之间的上下义关系和整体—部分关系也可以比较模糊，包括部分背景语域式话题，如"他们，大鱼吃小鱼"。

第三，语用关联。话题与述题论元之间没有上下义关系或整体—部分关系，也没有共指句法空位。语用关联包括两类：一类是话题存在于述题概念结构当中，甚至可以是述题谓语的概念论元，如“婚姻的事，爸爸做主”；另一类语用关联依赖语境建立话题与述题之间的关联，如“？类风湿性关节炎，我得多带几本书”。

第四，语篇关联。话题与扩展语篇中某个空位具有同指性，典型的语篇关联话题结构即为“幸亏句”话题结构，如“那场火，幸亏消防队来得快”。

6.5　本章小结

汉语式话题结构，即语域式话题结构或框架话题结构，其话题与述题之间的“有关性”只能建立在语义或语用关联之上，相对应，英语式话题结构的话题和述题之间不仅有语义或语用关联，还具有句法关联。汉语式话题结构的生成受普遍认知规律的制约，如关联原则、框架大于内容原则、范畴原则等。这些认知原则并不是矛盾的，而是从不同侧面反映了人类基本认知规律。汉语式话题结构生成在这些认知原则的指导下选择不同的语义或语用手段达到建立“有关性”的目的。汉语式话题的存在证明了汉语话题是一个语法化的成分，具有句首语法位置，所以很多 NP 都能自由进入该位置，并不总受谓语的制约。

现把各类汉语式话题结构的类型及满足其生成的条件总结如表 6-1。本章把领属语域式话题结构列在汉语式话题结构范围内，因此它就具有双重身份。从领属句法位置看，它属于英语式话题结构；从缺少论元位置看，它又属于汉语式话题结构。另外，本章对汉语话题结构重新进行了分类，总结如表 6-2。

表 6-1 汉语式话题结构的类型及生成条件

汉语式话题类型	话题次类型	举例	生成条件
时地语域式话题	无复指成分	a. 这年冬天本地天气怪异。	时空定位清晰
	复指成分可选	b. 楼道里,有人在那里唱歌。	
	必须有复指成分	c. 加拿大,她在那儿交了一个好朋友。	
	整体—部分关系	d. 青岛,我曾在海边住过。	
上位语域式话题	语义上下义关系	a. 宠物,我喜欢狗。 b. 物价纽约很高。	上位范畴和下位范畴的邻接关系
	语用上下义关系	c. 幼儿园的小孩,张三只教儿子画画。	
领格语域式话题	领属关系	a. 大象,鼻子长。 b. 那本书,我撕了封面。	整体—部分关系
背景语域式话题	模糊语义关系	a. 他们,大鱼吃小鱼 b. 他们谁都不来。 c. 那种豆子一斤三十块钱。 d. 衬衫他买了三件。	边缘性上下义关系和整体—部分关系语用关联
	语用限制	a. 生物伦理学我是门外汉。 b. 这件事情你不能光麻烦一个人。 c. 黄色的土地大粪最合适。 d. 这件事,我无能为力。	
	“幸亏句”	a. 那场火,幸亏消防队来得快。 b. 那所大学,亏得我没去上。	

表 6-2　　汉语话题结构类型

汉语话题类型	特征	举例
语义角色关联话题	话题在述题当中充当施事、受事、感事、工具、与事、领属和环境等语义格。	a. 这本书，我读过了。 b. 张三，爸爸很有钱。 c. 这年冬天本地天气怪异。
认知语义关联话题	上下义关系 整体—部分关系	a. 水果，我喜欢苹果。 b. 大象，鼻子长。
语用关联话题	话题存在于述题概念结构当中，或依赖语境建立联系。	a. 婚姻的事，爸爸做主。 b. 类风湿性关节炎，我得多带几本书。
语篇关联话题	话题与扩展语篇中某个空位具有同指性。	a. 那场火，幸亏消防队来得快。 b. 那座桥，幸好没下雨。

第 7 章　话题结构的语言类型学研究

本章从语言类型学角度坚持汉语是话题突出的语言，话题具有句法地位，尽管与主语和宾语语法化的程度是否一样还存在争议，但汉语的语序为 TSVO。话题结构是基础生成的，话题与述题之间“有关性”联系的建立受句法—语义—语用界面限制。话题是语用的语法化，任何语言理论上都可以话题语法化。为什么汉语等成为话题突出的语言，而英语等成为主语突出的语言？话题突出语言需要满足什么条件？本章总结话题突出语言的话题结构的特征，并从跨语言类型学的角度探讨汉语话题突出的原因。

7.1　话题结构的语言类型差异

Li 和 Thompson(1976, 1981)提出“主语—话题”为参数的语言类型学，把语言分为四类：话题突出语言、主语突出语言、话题和主语都突出的语言以及话题和主语都不突出的语言。话题结构的存在是语言共性，但不同类型语言中的话题结构必然存在很大差异，尤其表现在语法化程度上。

7.1.1 语言类型学

语言类型学是“基于共同形式特征的对语言及语言成分的分类”(Whaley, 1997: 7)。Comrie(1981)指出,语言类型学(Linguistic Typology)研究和语言共性(Language Universal)研究看起来是互相对立的,甚至是冲突的,二者的研究目标不同,语言共性研究是找出所有语言的相同之处,而语言类型学是找出把语言划分为不同类别的根据,即语言差异。然而在语言研究实践中,二者并不矛盾,或者是平行研究,或者是你中有我,我中有你,对语言共性感兴趣的也对语言类型学感兴趣,很难确定一个研究只是基于语言共性或语言类型学。因此,语言共性和语言类型学之间并不冲突,是一种研究的两个方面。刘丹青(2003)认为,严格意义上的类型学是具有自己研究范式的“语言共性与语言类型研究”,语言类型学既是一个研究分支,也是一个研究学派。

以Chomsky为代表的形式语言学追求普遍语法(Universal Grammar, UG)研究,用演绎法找出所有语言的共性,语言共性基于人类共有的生物学特征,用人类语言知识的天赋性来解释语言共性。以Greenberg(1963)为代表的语言类型学也是“普遍语法”研究的代表,语言类型学通过跨语言的观察并比较其间的差异来获得对人类语言共性的认识,主张用比较归纳法找出语言的共性,用语言的功能来解释共性。

语言类型学研究的方法与结果原则上可以适用于任何语法理论框架,因此,本书中的认知语义规则同样揭示了语言类型学规律,如焦点理论、参照点理论、框架理论。语言类型学角度的话题结构研究能够较好地把握汉语的语法本质,要做到真正了解汉语的特征,必须建立在跨语言比较的基础之上,同时,我们也希望汉语话题研究能够为语言类型学研究做出贡献。

7.1.2 话题结构的特征

语序类型学是语言类型学的重要组成部分。根据主语、谓语和宾语三个结构成分，从逻辑上，世界语言的语序有六种，即 SVO、SOV、VSO、VOS、OVS 以及 OSV，其中 SVO 语序与 SOV 语序是世界上所有语言中最为基本的语序排列，占世界语言的 3/4 以上。话题—主语突出语言类型的提出使得语序必须考虑话题这一语法化成分，话题具备与主语和宾语同等的句法地位，Greenberg 划分到 SVO 和 SOV 的语言就有一部分归到 TSVO 或 TSOV。作为基本语序，话题结构具有显著的区别性特征，符合特定的认知原则。

刘丹青(2012:292)提出，显赫范畴是在一种语言中既凸显又强势的范畴。显赫范畴的主要特征表现为：(1)语法化程度高；(2)形式手段有扩展力；(3)语义的原型地位或核心地位；(4)强能产性(类推性)、使用强制性(productivity and obligation)和较多样的句法分布；(5)易被激活、可及性高。刘丹青(2012)认为，汉语话题具备显赫范畴的特征，典型表现为语用话题可以充分利用这种位置得到句法实现，话题位置能够完成在其他语言中必须采用其他成分或手段完成的表意任务，形成许多在非话题优先语言中不可能存在的话题结构种类(刘丹青，2009)。基于刘丹青(2002)的话题显赫特征，我们进一步总结更多的话题显赫范畴特征。

首先，话题结构的认知和信息结构特征。Greenberg(1963)所总结的语序共性的第一条就是“陈述句中占主导地位的语序总是名词性的主语居于名词性的宾语前面”。S 处于 O 之前的原因在于主谓结构符合信息组织的认知原则。Comrie(1989)认为，主语居于宾语前最符合人类对信息组织的认知原则，主语通常是动作的发起者

(initiator)，宾语受动作的控制，为受影响者，作为起点的主语在认知上比宾语更为凸显(salient)。根据 Langacker(1991)，主语是动词侧重(profile)的射体，宾语是动词侧重的界标。主语与动词内部语义紧密相连，独立于语篇，主语的参照点关系是与动词建立的。

话题结构也同样符合句子信息结构的组织原则。根据布拉格学派的交际动力学(dynamics of communication)，句子的语序是主题(theme)和述题(rheme)，相对应于从语用功能划分的话题(topic)与述题(comment)。话题是说话的起点，述题是对话题的说明或评论，符合交际的需要，话题结构形成对话结构。从认知上看，话题结构不同于主谓结构的识解方式，话题作为一个参照点，它的目标不是某个动词，而是整个小句所表达的命题(proposition)。语言使用者首先接触到话题名词，通过这个参照点与后面的小句命题产生心理接触。Tomlin(1986)的题元第一原则(Theme First Principle)不仅适用于主谓句，也适用于话题—述题句，重要的题元信息倾向放置于句首。因此，TSVO 和 TSOV 具有存在的合理性。

其次，话题的高度语法化特征。话题与主语语法化的方式不同，句法话题是话语功能的语法化，其原型意义或核心功能为“有关性”；而主语是语义角色的语法化，其原型意义是语义施事。当话题进入形式语法的运算系统后就具备了独特的语法特征，具有类似焦点、否定、疑问等的语义性质。话题结构的认知和信息结构特征使其存在具有普遍性，作为篇章概念，任何语言中的一些成分都可发挥话题的话语功能，但只有一些语言中的语用话题语法化为句法话题，同时发挥语用和句法话题的作用，这些语言成为话题突出语言。

从语言类型学角度看，语法化是将语用或语义内容固化为形态范畴和句法范畴(徐烈炯、刘丹青，1998：36)。英语等作为主语突出的语言选择了主语语法化，话题本身没有高度语法化，话题没有句法位置，只是其他成分提到句首发挥临时作用；而汉语等话题突出的语言选择了话题语法化。话题高度语法化表现在多个方面：

A.话题结构的非标记性。英语话题结构是一种语序非常特殊的句子，而汉语话题结构则是常规句子，Chao（1968）、Tao 和 Thompson（1994）都指出受事主语句在汉语语篇中出现频率非常高。这里的受事主语句为泛指受事主语句，即非施事主语句，受事、时间、地点、与事、工具、原因等等皆可充当主语。根据 Chao（1968），50%的主谓语句都是非施事主语结构；根据 Tao 和 Thompson（1994），现代汉语会话中频率最高的结构是 X+V 的单一论元句，其中受事主语句占 42%。根据我们对话题结构的界定，并非所有受事主语句都是话题句，但话题句的数量在汉语口语中还是非常高的。徐烈炯、刘丹青（1998）还指出有些汉语方言，如上海话，话题结构在使用频率上超过主谓结构。

B.话题标记的多样性。话题标记是体现话题功能的语言形式手段。在话题突出的语言中，话题先确定，然后再辅助一个话题标记，在话题结构的认知模式下，话题标记也逐渐语法化，属于形态或附属性的虚词，如日语专用的和强制性的话题标记は，不同于主语格标记、宾语格标记等其他成分的语法标记。汉语话题标记表现为多种多样，根据冯君亚（2010）对日语话题标记的划分，汉语广义的话题标记包括：①物化标记，即使用话题标记，如话题助词“呢”“嘛”“吧”来表示；②语音，即话题部分与其他部分之间用语音停顿隔开或用韵律特征表示；③语序，话题成分置句首。除此之外，还有“至于”“关于”“的话”等语篇标记（discourse marker）来标志话题，语篇标记也语法化为话题标记。话题标记强化了某一成分的话题性，那些无法确定是话题还是主语的成分，有了话题标记的凸显作用，它们的性质和地位将更加明确。

C.话题标记的专用性。这也是话题语法化高的一个表现，但专用性是一个相对概念，话题标记也具有兼用性，不同的语言处于专用性和兼用性之间，日语专用性话题标记は也可以标记主语，但会优先标记话题。汉语话题标记和语篇标记不具备专一性和强制性，但也有很高程度的语法化，专用程度较高，尤其是一些方言当中，如上海话的提顿词“末”等具有话题标记的专一性（徐烈炯、刘丹青，1998）。汉语的“关于”类话题可以省略，而英语表达“关于”的话题标记，如 as for，as to，regarding，with regard to，concerning，speaking of 和 when it comes to...等等一般不会省略，表明这些英语话题标记是没有语法化的语篇标记。野田尚史（1996）把常使用话题标记的语言叫作“话题明示型语言”，反之则叫作“话题暗示型语言”。根据此分类，日语使用专门的话题助词标记，属于“话题明示型语言”，而汉语虽然也有不少非话题标记的话题句，但不应该称作“话题暗示型语言”，至少处于“话题明示型语言”和“话题暗示型语言”之间。

D.话题分布的广泛性。话题分布的广泛性不仅表现在话题句出现的高频率，还表现在话题的多样性以及话题结构的嵌入性。多样性表现在话题类别的多样性（如英语式话题和汉语式话题）以及话题语类的多样性（如名词短语及名物化的句子或动词短语），而话题结构的嵌入性表现为话题结构可以嵌入其他句子中作其中的成分，如“我知道，这件事，小张办不了”。根据刘丹青（2012），之所以话题结构存在多样性就在于话题语法化，如分裂式话题结构“衬衫我喜欢蓝的”在非话题突出语言中不可能存在，因为分裂话题违背了距离象似性（语义关系越近语序也越近），而汉语中则由于有额外的话题位置而得以将一个名词语内部的话题和焦点分开。可以看出，话题出现的句法环境宽松，形式随意，话题分布的广泛性进一步证实了汉语话题突出的语言类型特征。

7.2 话题突出的语言原因

从语言类型学角度，话题—主语参数把汉语归为话题突出的语言，英语为主语突出的语言，但是为什么不同的语言设定不同的参数呢？话题作为语用概念语法化为句法概念需要满足什么条件？笔者认为，语言本身必须具备某些特征以保证话题语法化。

7.2.1 语用语序 VS. 语法语序

语言类型与语序关系密切，二者互相影响。根据 Lehmann(1976)，语言类型促进语序的变化；根据 Burridge(1993)，语序的变化促进语言类型的变化。我们来看语序是如何影响话题结构的语法选择的。

Thompson(1978)把语序类型划分为两个范畴：语用语序和语法语序。语用遵循语用或信息组织原则，语序是话题—述题，任何语义角色的论元都可处于话题位置发挥话题的功能，因此句子结构排列比较灵活，代表语言有俄语、捷克语和汉语。语法语序根据语法功能排列语序，语法功能（如主语、宾语）的确认依赖其论元在句中的位置，语法语序代表如法语和英语。Hawkins(1986)指出，格标记语言倾向于语用语序语言，其中的论元句法功能和一致现象都具有显性格标记，语法功能不需要位置来获得语法解释，论元同时发挥语用功能以及各自的语法功能。非格标记语言倾向于语法语序语言，因为语法解释必须依赖句法位置，语序相对固定，不像语用语序那么自由。非格标记语言为了同时满足话题语用语序和句子语法语序的要求，主语和话题之间就要相互妥协，主语发挥话题的语用功能，主语论元之所以担任多种语义角色就是为了发挥话题功能。

英语的语序类型在语言史上发生了变化。Quirk 和 Wrenn (1958)指出，古英语的语序相对自由，因为古英语有发达的形态系统。Simargool(2005)通过调查英语中动结构的发展史发现，古英语(Old English, OE)和中古英语(Middle English, ME)是语用语序语言，存在 OSV 结构和 OVS 结构，但是随着英语的发展，进入早期现代英语(Early Present-day English, EPDE)和现代英语(Present-day English, PDE)后，格丢失了，变成语法语序语言，OSV 结构和 OVS 结构就不能存在了，语法结构只能是 SVO，中动结构 SVO 作为 OSV 结构和 OVS 结构的补偿结构出现了，中动主语为非施事论元。SVO 语法语序的确定使得主语成为凸显的成分，任何句子(除祈使句外)都必须有主语，包括形式主语。主语和谓语之间具有人称和数的形态一致性。

汉语是语用语序语言，但是并不符合 Hawkins(1986)判断语序的标准，汉语并不是格标记语言，没有屈折变化，必须通过语序来确定各个成分在句中的句法角色，语序成为汉语表示语义关系的最重要手段。沈家煊(2017：4)提出，中国人关于语法和用法关系的语言观既不是 Newmeyer(2003)所言“语法是语法，用法是用法”，也不是 Bybee(2005)所言“语法就是用法，用法就是语法”，而是“用法包含语法，语法属于用法”。由此可见，汉语部分语用已经语法化了。

Li 和 Thompson(1978)认为，汉语的词序主要受语义和语用因素的影响，语义和语用因素影响超过语法关系(如主语、直接宾语、间接宾语等)的影响。LaPolla(1990)提出汉语是一种尚未将“主语”和“宾语”等句法关系语法化的语言，句法关系不能成为决定汉语词序的主要因素。LaPolla(1995)进一步提出，除了语义规则，如一个动词的动作发出者必须出现在动词之前，语用关系(信息结构)的确是决定汉语词序的主要因素。语用语序表现在很多方面，其中最重要的表现为话题—述题的语用关系（信息结构），该语用关系也反过来影响话题的语法化程度，影响话题突出的语言类型的形成，固化了话题的句法地位。

根据Hawkins(1986)语用语序判断的标准，日语和韩语是语用语序，因为具有丰富的格标记。语义可以通过附加的格助词的不同得以体现，因此通过语序来确定语法成分的方式便不再重要。相对汉语的话题突出，韩语和日语作为黏着语言其话题突出更为明显，语法化程度更高，作为格标记语言，韩语和日语的话题有话题标记，主语也有主格标记，有了标记的句首NP就没有一定是施事的要求，话题位置中语义角色不受限制。

7.2.2 体貌突出语言VS. 时态突出语言

日语语序较灵活的原因在于日语形态较发达，具体表现为存在大量的格助词。那么，汉语也是语序灵活的语言，汉语具有什么特征才保证语序灵活，特别是话题突出的语序特征呢？

刘晓林(2013)提出，语用需要引发语法的变化，英语主语表达事件的主观性、事件的强施事性和对事件的控制性。这些语用要求触发了情态动词的产生，以及do和have的助动词化，反过来情态动词和助动词对主语的位置进行固化。而汉语没有发生类似语法变化，仍然维持话题突出的语序特征。

根据Tao和Thompson(1994)，强及物性小句在汉语会话中出现的频率极低，只占6.9%，而弱及物性小句占33.3%，不及物小句占32%，其他状态和系词分别为12.3%和12.5%。该研究结果印证了刘晓林(2013)关于汉语无法满足对事件的强施事性和事件控制性的语用要求，只有在典型及物事件中，施事为显著的致使，具有意愿性、控制性、主动性、启动性。去及物性结构中施事的施事性降低，受事的受影响性降低，动词的终结性或完成性降低，无法对事件进行控制。

如果一个句子后面述题部分是说明性质、属性、状态的，前面的被说明对象成为话题的可能性就大，因此话题—述题语序要求述题事件状态化。客观记述动作、事件发生的则一般就是主语句。及物动词的去及物化是话题结构生成的前提之一，英汉语在满足事件状态化方面的差异与另外一个语言类型参数有关：体貌突出语言 VS. 时态突出语言。

尚新(2004)指出，汉语中存在丰富而系统的体范畴，汉语是体貌(aspect)凸显语言，而英语是时态(tense)凸显语言。体貌凸显表现为体的语法化、强制性、系统性、遍布性。汉语体貌标记包括“着”“了”“过”“正在”“来”等等，而英语只有两个语法体：完成和进行。Lin(林宗宏，2001)认为，汉语的体实际上是轻动词，在塑造事件方面起着作用。笔者赞同体标记有助于决定事件的时间视点，这些体貌标记在古汉语中为完全动词，现在汉语中虽然语法化为功能词，但也保留了动词的某些特征。

汉语体貌标记“着”“了”“过”等使得四类动词都能描写状态，也就是说，体貌标记增加了动词状态化，降低了动词的及物性，并能一定程度地实现语义自足化，也就为去及物化结构作好了准备，去及物化动词、不及物动词、其他状态和系词共同为构成话题结构提供更多可能，而英语没有这些体貌标记，就必须依赖其他方式达到目的，如通过时态和语态来表达对应的汉语句子，如 The house is building。因此，英语话题结构中的动词一般为状态动词，如 John，I like。

7.2.3 非格标语言 VS. 格标语言

汉语语序灵活性还来自另外一个语言类型参数：汉语是非格标语言(non-case-marking)，英语是格标语言(case-marking)。胡建华(2007)提出了该格标语言参数，认为在格标语言中，NP 只有被赋格才可以得到允准，而在非格标语言中，NP 则可以不通过赋格来得到允准。因此，非格标语言中占据主宾语这类语法功能项(GF)位置的 NP 无格，动词的题元可以不按常规释放，NP 可以不通过题元位置来获得题元，NP 所占据的句位可以不是题元位置。这就解释了汉语论元实现的灵活性，主宾语在句子中的实现不受动词题元角色(theta-role)选择的限制，如"吃食堂"，也不受论元结构的制约，如"王冕死了父亲"，"吃"和"死了"后面不是题元位置。英语作为格标记语言，语法功能项往往与论元合二为一。

因为汉语是非格标语言，NP 可以没有赋格而得到允准，即汉语 NP 可以没有格，相对于英语 NP 必须赋格而得到允准，英语 NP 必须有格，所以汉语话题结构不仅有英语式话题结构，也有汉语式话题结构，汉语式话题根本就没有任何意义上的格标记，如"水果，香蕉最好吃"，同时也很好地解释工具论元话题与动词之间没有语义选择关系的话题句，如"这把刀我切肉"。至于汉语中的 NP 是如何得到允准和解读的，胡建华(2007：167)认为在格标语言中，NP 的允准和解读由句法来执行，而在现代汉语中 NP 的允准和解读并不完全取决于句法，而是由句法—语义—语用的接口机制来决定。他的观点正好符合我们前面两章对汉语话题结构生成的句法—语义—语用句法研究。

7.3　话题突出的思维动因

语言的组织方式反映了说话人的思维或世界观，尽管人类的生物构成、认知能力、物理世界的一般特征是相同的，但人们有不同的社会文化传统和社会体验，所以对世界的概念化有差别，汉语语序必然受到汉族人思维的影响。要想了解话题语法化的本质，我们有必要探讨一下汉语话题突出语言的思维动因，之所以汉语从语言类型学角度是话题突出的语言，就在于我们独特的思维或认知方式，思维方式具有地域性和民族性。

意合思维是话题突出的动因之一。所谓意合思维，是指重实际、重个人感受、心领神会等实用思维，意合思维与“天人合一”“整体观”的哲学思维相一致，“以意为主”和“以神统形”。重“意”不重“形”源于汉族先民对原始世界的事物的描摹，“意”和“象”密切联系，“意”通过“象”表现出来，然后再表现为“言”，汉语的意象性大大高于形态语言，形态语言反映了形合思维。李晓钰、罗昕如(2017)提出，汉语话题突出的原因在于“天人合一”的哲学思维，汉语作为意合语言，话题和述题间语义上的联系虽不及主谓之间的语义联系明显，但它们之间的意义可以靠语境来补充。我们对这些句子理解起来没有任何困难，如汉语式话题句“那次心肌梗塞，幸亏救护车来得及时”。可见，汉语话题与述题之间的联系建立在意合统领的广泛的“有关性”语义关系之上，这种“有关性”建立在心领神会之上。

空间性思维也是汉语话题突出的动因。戴浩一(1988)提出时间顺序原则(The Principle of Temporal Sequence，PTS)：两个句法单位的相对次序决定于它们所表示的概念领域里的状态的时间顺序。时间顺序拟像性符合人们简单的认知规律，汉民族思维趋于着重对具体事物的感知，汉语比许多其他语言更典型、更直接、更普遍、更一贯地使用了该时间顺序的临摹手法，常常按照事物或事件发生、发展的先后顺序排列语序。

刘晓丽、于善志(2011)又提出时间顺序表达实际上是建立在对空间事物临摹的基础上，时间作为一种抽象概念很难被人们感知，通过具象的空间概念就能使这种抽象变得具体、形象，从而更容易被感知，汉语的空间性特质导致了汉语语序呈现出时间顺序，汉语语序特别反映这种空间顺序的概念。空间思维模式决定了中国人注重整体的思维方式，体现在语言上是先整体后局部，先综合后分析。汉语式话题(作语域式话题或框架设置话题)遵守框架大于内容原则或整体大于部分原则，而对于英语式话题，因为我们认为某个实体重要，就可以置于句首进行评论，英语式话题具有同指空位或同指代词，所以英语式话题结构在空间顺序的基础上再进行新的空间顺序安排。

7.4 本章小结

本章从语言类型学的角度探讨了汉语话题突出的原因，之所以汉语被界定为话题突出的语言，是因为话题结构的语法化程度高，表现在话题标记、话题多样性和话题多产性。任何语言都有可能语用语法化，但只有汉语等部分语言成为话题突出的语言，其中原因有来自语言本身的因素。汉语具有有助于话题突出的语言因素，如语用语序、体貌突出和非格标记，也有来自思维模式的因素，意合思维和空间思维与话题结构相契合。

第 8 章　结论:话题研究的展望

本书涉及了汉语话题结构的界定、以往汉语话题结构生成研究、句法—语义—语用界面理论框架、理论框架下的英语式话题结构的生成以及汉语式话题结构的生成,探讨了语言类型学视野下的话题研究。本章重新梳理和评价这些研究内容,目的在于提炼其理论和应用价值,探讨其存在的问题以及今后研究的方向。

8.1　本书的主要发现

第一,本书界定了话题结构的本质和范围。确立了话题在汉语语法系统中的句法地位,赞同主语话题平行说,话题是与主语具有同等句法地位的成分,即话题具有独立的语法地位,汉语语序为 TS-VO。承认话题的句法地位并不是否认话题的语用/语篇功能,句法话题一定是语用话题,但语用话题未必是句法话题,二者分属句法和语用层面,因此,话题也是一个句法—语用界面概念。针对话题辨识中存在的疑问,进一步区别了话题和主语。话题有形式特征和语义特征,辨认的形式标准为主语前名词短语和话题标记,语义特征基于话题和述题之间的"有关性"。本书排除了介词短语话题和次话题,确定了双 NP 句的汉语式话题的存在,同时也指出单 NP 句中并不总是句法歧义句,有些 NP 只能是主语,如存现句和受事主语句不在话题结构范围之内。

第二，评述了话题结构生成机制研究的四个研究路径，包括生成语法研究、语义/语用研究、认知研究和功能研究，指出每个研究路径都存在一些问题。生成语法研究争议的问题是话题结构生成是否受局域条件限制，基础生成和移位生成的两种观点相持不下，无论是持哪种观点都存在反例。生成语法研究路径无论采用支约理论还是采用最简方案，允准条件限制仍然过强，排除了一些可以接受的句子。语义/语用研究路径坚持话题的语义允准而非句法允准，语义允准条件多种、具体。该研究路径对"有关性"的语义分解最为细致，操作性强，但是语义允准条件也并不能解释所有话题结构，尤其一些汉语式话题结构，描写非常充分，但需要进一步细化诱发机制。认知和功能研究路径总体来说又过于笼统，解释力不强，认知语法的认知参照点理论和焦点的激活扩散理论下的话题限制，过于宽泛，远没有生成语法和语义/语用研究细致、具体，认知和功能研究可以解释可以接受的句子，但对于一些反例就会束手无策，如生成语法领域中探讨的主宾不对称现象。

第三，话题结构的生成与孤岛条件无关，没有统一的句法、语义生成机制，话题与述题之间关联的建立基于语义"有关性"。"有关性"的实现分为两类：第一类是话题有同指空位或复指代词，属于英语式话题范畴，话题结构的生成与事件结构、物性结构、信息结构、语言加工等密切相关，只有满足了以上几个方面的要求，话题和述题才可建立"有关性"联系。复指代词的隐现有语用原因，更多的是语法本身的原因，话题提取的结构越复杂，复指代词出现的可能性越高，因为复指代词的出现有助于语言加工。第二类话题没有同指空位或复指代词，属于汉语式话题范畴，话题和述题之间的"有关性"建立在关联原则、框架大于内容原则、范畴原则等普遍认知规律之上，在这些认知原则的指导下选择不同的语义或语用手段达到建立"有关性"的目的。总之,话题结构是基础生成的,话题与述题之间"有关性"联系的建立受句法—语义—语用界面限制,话题结构的生成与句法、语义、语用和认知密切相关,语法研究既要考虑语言内因素,还要考虑语言外因素,是语言能力和语言应用的结合体。

第四,本书不仅对汉语式话题结构进行了分类,还对所有话题的分类进行了思考。根据话题与述题之间"有关性"关联模式,汉语话题分为四类:语义角色关联、认知语义关联、语用关联和语篇关联,每一类话题采用不同的手段达到与述题的关联,如语用关联话题存在于述题概念结构当中,甚至可以是述题谓语的概念论元,或者语用关联依赖语境建立话题与述题之间的关联。

第五,从跨语言类型学的角度探讨汉语话题突出的原因,话题是语用的语法化,任何语言理论上都可以话题语法化,之所以汉语选择话题突出的语言参数就在于它具备话题语法化的语言条件,表现在语用语序、体貌突出和非格标语言等三个方面,相对应于英语的语法语序、时态突出和格标语言。话题突出的另外一个因素来自思维模式,汉族人的思维决定了语序的灵活性,意合思维和空间思维与话题结构相契合。

8.2 本书的意义

第一,本书为话题研究提供了一个新的研究视角,以往的研究大多致力于为话题结构生成进行统一的解释。笔者认为,话题结构生成既没有统一的句法限制,也没有统一的语义限制,句法和语义的共性只在于句首句法位置以及话题与述题之间的"有关性"语义关系。因此,本书没有尝试给所有话题结构一个统一的句法、语义解释,避免了任何一个规律概括中存在的例外情况。笔者认为,能否形成一个合格的话题结构在于述题的状态化前提下述题空位的解读,话题与述题某个成分之间的关系,甚至话题与整个述题之间的关系。话题与述题之间的"有关性"总体来说是笼统的,但落实到每一个话题结构都是具体的,"有关性"的实现具有不同的手段,影响"有关性"关系建立的因素有句法因素、语义因素、语用因素和语言加工因素等。

本书不仅涉及了文献中经常讨论的简单句话题提取、复杂结构话题提取、汉语式话题提取,还涉及附加语话题提取。附加语话题提取在汉语界较少研究,其生成机制与事件结构、物性结构、信息结构、语言加工相关,具有重要意义的是我们提出了复杂事件结构概念。

第二,本书重要的贡献在于发展了界面理论。界面研究是当前语言研究一个重要研究路径,但对于什么是语言界面,语言学界有不同的观点。笔者认为,研究对象不同,其界面就不同,就句法结构而言,语言的哪个层面对句法实现有影响,这个层面就是界面。文献中句法—语义界面最普遍的观点是语义影响句法,但对于语义如何影响句法以及何种语义影响句法有不同的观点。笔者基于Jackendoff(2007)的平行架构理论,提出句法—语义—语用界面理论,认为语义和语用都对句法实现起作用,也就是说句法和语义、句法和语用相互作用。

本书认为认知框架下的概念结构为合适的句法—语义—语用界面。该界面包括三部分:基于动词的事件结构、词汇语义和语用。根据"工具箱"假设,从三个部分中选取不同的工具,各个因素往往相互作用制约着句子的生成,导致对可接受性判断的梯度性,满足的条件越多,句子就越容易被接受。句法和语义属于语法因素,语用(包括百科知识、信息结构、语境、语篇、语言使用频率等)属于非语法因素,前者属于语言能力,后者属于语言应用,语言加工属于语言应用。但语法因素也影响语言加工,尤其是语法中的语义因素,因为语义和语用难以区别,也就可以说,语言能力和语言应用也是不可严格区分的。从这个意义上讲,句法—语义—语用界面既包括语言能力,也包括语言应用,二者都处于概念结构的认知框架下。

第三,本书发展了长距离依赖关系理论。长距离依赖关系的建立受孤岛条件限制,但该孤岛条件并不是纯句法操作,而是一种语义限制。除了孤岛条件的语义限制,语言加工因素制约是长距离依赖关系等复杂句的较好解释方法,可接受性具有等级性,对应于构型语法判断的非语法性、某种程度上的非语法性和不完全语法性。长距离依赖关系的解释可以移出语法本身领域之外,而是放在语言加工领域之内,句法结构复杂性不是由构型特定原则决定的,成分之间的依赖性计算与语言加工有关。

第四,本书对汉语语序的认识有一定的启发。汉语语法可以摆脱印欧语言语法的束缚,不再套用印欧语言的语法,转变主谓关系的句子观,转向从自身的特点出发,认识到语用在语法中的作用,从而解决更多悬而未决的问题。话题结构研究成果有助于汉语语序的研究,有助于了解语用因素在汉语语法中的作用,对世界语言类型学研究也有一定启发。

第五,本书具有一定的应用价值。长距离依赖关系的话题结构研究有助于了解人类的认知方式,对研究心理学、人类生物学、计算科学和人工智能具有重要参考价值,其研究成果还可以用在机器翻译和检索中。本书研究成果可以用在其他句式的研究当中,对汉语教学和第二语言习得都有一定的帮助,为语言教学和语法教学服务。

8.3 今后研究的方向

本书存在一些问题。

第一,本书是基于逻辑思维的理论探讨,所有研究假设和结果都是理论探讨,没有采用心理学或神经科学实验进行验证。理论上,话题和空位之间的长距离依赖关系需要语言加工的记忆储存和整合,但实际上,话题结构的语言加工是否一定要比 SVO 更难、更加费力?直觉上来看,话题结构的输出和理解根本没有困难,那么,心理上的空位在话题结构中存在吗?这需要以后的研究进一步探讨。

第二,本书建立了句法—语义—语用界面,但没有涉及语音部分,韵律与句法也有互动作用,二者之间也存在界面。话题结构较多出现在口语当中,因此话题结构的生成与音调和语调之间关系尤其密切,文献中从音韵的角度研究的较少,这是未来话题研究的重要方向。

第三,本书在以其他语言作为参照的基础上重点研究汉语话题结构,但是本书话题的跨语言研究并不具有多样性,主要基于英语,较少涉及日语和韩语。日语和韩语是话题突出的语言,汉语话题与这两种语言的话题有什么共同之处,又有什么不同之处呢?日语和韩语的话题对汉语话题研究的启发是什么?

第四,本书欠缺的地方还有汉语方言话题结构的研究。本书只涉及汉语普通话中的话题结构,方言中话题突出更加明显,为什么汉语方言的话题结构比普通话的话题结构更突出?普通话是否受到了西方语言的影响?汉语普通话话题与一些方言的话题对比研究也是今后话题研究的方向。

参考文献

一、中文文献

[1]常理．1992. 汉语主语的三重性及相关问题[J]. 学术交流，第1期：116-120页．

[2]陈平．1994. 试论汉语中三种句子成分与语义成分的配位原则[J]. 中国语文，第3期：161-168页．

[3]陈平．1996. 汉语中结构话题的语用解释和关系化[J]. 国外语言学，第4期：27-36页．

[4]陈宗利，王恒英．2008. 复指代词在汉语关系结构中的分布问题探究[J]. 外语教学，第4期：16-19页．

[5]程丽霞．2006. 左偏置结构频率统计与话题结构的显现[J]. 外语教学与研究，第2期:101-107页．

[6]戴浩一．1988. 时间顺序和汉语的语序[J]. 国外语言学，第1期：10-20页．

[7]戴燃．2017. 汉语语域式话题汉英翻译策略的库藏类型学研究[J]. 语言研究集刊，第1期：63-78页．

[8]邓玲．2007. 从认知角度看话题结构[D]. 硕士论文，西南大学．

[9]丁泓棣．2009. 汉语话题结构的广义左向合并模式研究[J]. 广东外语外贸大学学报，第2期：58-63页．

[10]董秀芳．2006. 宾语提前的话题结构的语义限制[J]. 汉语学报，第1期：83-87页．

[11]房战峰．2015. 汉语受事话题构式研究[D]. 博士论文，浙江大学．

[12]冯君亚．2010. 汉日话题比较研究[D]. 硕士论文，河南大学．

[13]高顺全．1999. 与汉语话题有关的几个问题——与徐烈炯、刘丹青二位先生商榷[J]. 语言教学与研究，第4期：80-91页．

[14]高秀雪．2009. 更简句法和主流生成语法对比分析[J]. 天津外国语学院学报，第3期：1-6页．

[15]高秀雪．2011. 英汉话题结构的句法对比研究[J]. 西安外国语大学学报，第3期：3-10，31页．

[16]高秀雪，付天军．2012. 现代语言学流派哲学观的对立与融合[J]. 河北学刊，第4期：210-213页．

[17]高秀雪．2013. 英语中动结构的句法—语义界面研究[J]. 外语教学与研究，第1期：13-23页．

[18]高秀雪，杨连瑞．2014. Jackenoff的平行建构理论评述[J]. 当代外语研究，第5期：16-20页．

[19]高秀雪．2015a. 英汉中动结构对比研究：语言类型学视野[J]. 山东外语教学，第1期：18-25页．

[20]高秀雪．2015b. 汉语附加语话题提取的句法—语义界面研究[J]. 现代外语，第4期：460-469页．

[21]高秀雪．2016. 中动及其相关去及物化结构的综合界面研究[M]. 济南：山东大学出版社．

[22]耿冰．2008. 从英汉话题结构差异谈现代汉语话题的语法化[J]. 黑龙江教育学院学报，第7期：164-166页．

[23]关思怡．2013. 副词与主语的相对位置关系考察[D]. 硕

士论文，北京大学.

[24]胡建华. 2007. 题元、论元和语法功能项——格标效应与语言差异[J]. 外语教学与研究，第3期：163-168页。

[25]胡旭辉. 2009. 汉语话题结构制约的认知语义与语用分析[J]. 外国语，第3期：60-68页.

[26]胡裕树. 1982. 试论汉语句首的名词性成分[J]. 语言教学与研究，第4期：13-20页.

[27]胡裕树，范晓. 1985. 试论语法研究三个平面[J]. 新疆师范大学学报，第2期：7-15页.

[28]金积令. 1991. 英汉语主题结构的对比研究[J]. 外国语，第2期：1-7页.

[29]金立鑫. 1991. 对现代汉语主语的再认识[J]. 烟台大学学报(哲学社会科学版)，第3期：88-91页.

[30]金立鑫. 1991. 语法研究的精密化和主语内涵的嬗变[J]. 汉语学习，第3期：3-7页.

[31]雷莉. 2002. 汉语话题的辖域与层级[J]. 中央民族大学学报，第2期：15-20页.

[32]李金满. 2006. 话题跟主语和题语[J]. 现代外语，第3期：239-247页.

[33]李晓钰，罗昕如. 2017. 天人合一：汉语"话题优先"结构的哲学根源[J]. 江西社会科学，第3期：41-46页.

[34]李文山. 2013. 定指话题句语义探微[J]. 语言教学与研究，第3期：74-81页.

[35]李英哲等. 1990. 实用汉语参考语法[C]. 北京：北京语言学院出版社.

[36]廖秋忠. 1986. 现代汉语篇章中指同的表达[J]. 中国语文，第2期.

[37]李临定. 1985. 主语的语法地位[J]. 中国语文，第 1 期：62-70 页.

[38]刘辰诞. 2008. 生成整体论视角下“动宾动词＋名宾”构式的生成——构式创新的一个动因[J]. 外语学刊，第 3 期：25-32 页.

[39]刘丹青. 2003. 论元分裂式话题结构初探[A]. 载徐烈炯，刘丹青主编，话题与焦点新论[C]，220-241 页. 上海：上海教育出版社.

[40]刘丹青. 2009. 话题优先的句法后果[A]. 载程工，刘丹青主编，汉语的形式与功能研究[C]，50-71 页. 北京：商务印书馆.

[41]刘丹青. 2012. 汉语差比句和话题结构的同构性：显赫范畴的扩张力一例[J]. 语言研究，第 4 期：1-11 页.

[42]刘丹青. 2016. 汉语中的非话题主语[J]. 中国语文，第 3 期：259-275 页.

[43]刘丹青. 2018. 制约话题结构的诸参项——谓语类型、判断类型及指称和角色[J]. 当代语言学，第 1 期：1-18 页.

[44]刘林军，高远. 2010. 北京话口语中话题化结构和左失位结构分析——兼与英语作类型学对比[J]. 外语教学与研究，第 1 期：44-51 页.

[45]刘晓丽，于善志. 2011. 论汉语的空间性——从戴浩一《时间顺序和汉语的语序》谈起[J]. 现代语文(语言研究版)，第 4 期:14-16 页.

[46]刘晓林. 2011. 论去及物化态及其类型学意义[J]. 国际汉语学报，第 2 期：104-112 页.

[47]刘晓林. 2013. 简论英语语法范畴的形成对语序和附加语位置的影响——兼论“语用—语义—语法—语序”链[J]. 当代外语研究，第 5 期：19-24 页.

[48]刘晓林，曾成明. 2011. 英汉去及物化和语义自足化机制

对比及其语序效应[J]. 当代外语研究，第8期：14-19页.

[49]刘晓林，王文斌. 2010. 动性弱化、语义自足、作格化与语序类型特征效应[J]. 现代外语，第2期：133-141页.

[50]刘勋宁. 1988. 现代汉语词尾“了”的语法意义[J]. 中国语文，第5期：321-331页.

[51]刘正光. 2011. 主观化对句法限制的消解[J]. 外语教学与研究，第3期：335-349页.

[52]陆俭明. 1986. 周遍性主语句及其他[J]. 中国语文，第3期：161-167页.

[53]陆俭明，沈阳. 2003. 汉语与汉语研究十五讲[M]. 北京：北京大学出版社.

[54]陆烁，潘海华. 2009. 汉语无定主语的语义允准分析[J]. 中国语文，第6期：528-537页.

[55]陆烁，潘海华. 2014. 汉语领属话题结构的允准条件[J]. 当代语言学，第1期：15-30页.

[56]吕叔湘. 1979. 汉语语法分析问题[M]. 北京：商务印书馆.

[57]吕叔湘. 1980. 现代汉语八百词[Z]. 北京：商务印书馆.

[58]吕叔湘. 1987. 主谓谓语句举例[A]，语文近著[M]，68-76页. 上海教育出版社.

[59]马建忠. 1898/1983. 马氏文通[M]. 北京：商务印书馆.

[60]马志刚. 2014. 汉语受事主语句的句法语义再分析[J]. 华文教学与研究，第4期：79-86页.

[61]潘国良. 1989. 汉语话题句类举[J]. 山西大学学报(哲学社会科学版)，第2期：76-79页.

[62]潘海华，韩景泉. 2005. 显性非宾格动词结构的句法研究[J]. 语言研究，第3期：1-13页.

[63]潘海华，梁昊. 2002. 优选论与汉语主语的确认[J]. 中国

语文，第1期：3-13页.

[64]潘珣祎. 2010. 现代汉语话题结构的认知语用研究[D]. 博士论文，浙江大学.

[65]屈承熹. 2003. 话题的表达形式与语用关系[A]. 载徐烈炯，刘丹青主编，话题与焦点新论[C]，1-29页. 上海：上海教育出版社.

[66]杉树博文. 2005. 从功能主义的角度论现代汉语的话题化[J]. 励耘学刊：语言卷，第1期：101-116页.

[67]尚新. 2004. 语法体的内部对立与中立化[D]. 博士论文，华东师范大学.

[68]邵敬敏，王宜广. 2011. "幸亏"类副词的句法语义、虚化轨迹及其历史层次[J]. 语言教学与研究，第4期：56-64页.

[69]沈家煊. 1999. 不对称和标记论[M]. 南昌：江西教育出版社.

[70]沈家煊. 2001. 语言的"主观性"和"主观化"[J]. 外语教学与研究，第4期：268-275页.

[71]沈家煊. 2017. 汉语有没有"主谓结构"[J]. 现代外语，第1期：1-13.

[72]沈阳. 1995. 领属范畴及领属性名词短语的句法作用[J]. 北京大学学报(哲学社会科学版)，第5期：85-92页.

[73]石定栩. 1998. 汉语主题句的特性[J]. 现代外语，第2期：40-57页.

[74]石定栩. 1999. 主题句研究[A]，载徐烈炯主编，共性与个性：汉语语言学中的争议[C]，1-36页. 北京：北京语言文化大学出版社.

[75]石毓智. 2000. 论"的"的语法功能的同一性[J]. 世界汉语教学，第1期：16-27页.

[76]石毓智．2001. 汉语的主语与话题之辨[J]. 语言研究，第2期：82-91页．

[77]石毓智．2003. 现代汉语语法系统的建立——动补结构的产生及其影响[M]. 北京：北京语言文化大学出版社．

[78]史有为．2005. 话题、协同化及话题性[J]. 语言科学，第3期：3-22页．

[79]税昌锡．2008. 领属性“名词短语1的名词短语2”结构的组合理据——附论领事话题句及其谓语动词的语义类型[J]. 云南师范大学学报(对外汉语教学与研究版)，第2期：65-70页．

[80]汤廷池．1979. 主语与主题的划分[A]. 国语语法研究论集[C]，73-80页．台北：台湾学生书局．

[81]田启林．2016. 领有话题结构的生成与处理机制研究[J]. 现代外语，第3期：293-304页．

[82]王力(王了一). 1956. 主语的定义及其在汉语中的应用[J]. 语文学习，第1期：21-25页．

[83]王寅，李弘．2003. 原型范畴理论与英汉构成对比[J]. 四川外国语学院学报，第3期：135-140页．

[84]温宾利，田启林．2011. 基于语段的领有话题结构移位分析[J]. 现代外语，第4期：331-338页．

[85]文旭．2005. 左移位句式的认知解释[J]. 外国语，第2期：45-52页．

[86]文旭．2006. 汉语双主语构式的特征及其认知理据[A]. 江苏省外国文学学会,第四届全国认知语言学研讨会论文摘要汇编[C],2页。

[87]吴早生．2010. 汉语领属结构的参照点分析[J]. 楚雄师范学院学报，第12期：1-4页．

[88]邢福义．2003. 汉语复句研究[M]. 北京：商务印书馆．

[89]熊仲儒．2007. 汉语式话题句的结构分析[J]. 安徽师范大学学报(人文社会科学版) 第 2 期：202-207 页。

[90]熊仲儒．2010. 现代汉语中的“由”字被动句[J]. 现代外语，第 1 期：12-22 页．

[91]徐杰．2001. “及物性”特征与相关的四类动词[J]. 语言研究，第 3 期：1-11 页．

[92]徐烈炯．2003. 话题句的合格条件[A]. 载徐烈炯，刘丹青主编，话题与焦点新论[C]，131-143 页．上海：上海教育出版社．

[93]徐烈炯，刘丹青．1998. 话题的结构与功能[M]. 上海：上海教育出版社．

[94]徐烈炯，刘丹青．2007. 话题的结构与功能(增订本)[M]. 上海：上海教育出版社．

[95]徐盛桓．2002. 语义数量特征与英语中动结构[J]. 外语教学与研究，第 6 期：436-443 页．

[96]徐通锵．1997. 有定性范畴和语言的语法研究——语义句法再议[J]. 语言研究，第 1 期：2-15 页．

[97]杨成凯．2003. 汉语句子的主语和话题[A]. 载徐烈炯，刘丹青主编，话题与焦点新论[C]，51-82 页．上海：上海教育出版社。

[98]杨小龙，吴义诚．2015. 论话题结构生成的线性机制[J]. 外国语(上海外国语大学学报)，第 1 期：55-63 页．

[99]野田尚史．1996. 日语主题助词“は”与主语助词“が”[M]. 张麟声译，北京：人民教育出版社，2003 年．

[100]袁毓林．1996. 话题化及相关的语法过程[J]. 中国语文，第 4 期：241-254 页．

[101]袁毓林．2003. 汉语话题的语法地位和语法化程度[A]. 载徐烈炯，刘丹青主编，话题与焦点新论[C]，97-130 页．上海：上海教育出版社．

[102]张俐．1997．不能后移的句首状语试析[J]．河南大学学报(哲学社会科学报)，第3期：31-33页．

[103]张敏，2009．汉语话题化结构限制中的邻接条件：认知处理角度的论证[A]．载陆俭明主编，语言学论丛第三十九辑[C]，522-572页．北京：商务印书馆．

[104]张时阳．2011．"的"字短语的语义特点[J]．湖南学院学报，第4期：58-61页．

[105]钟书能，李英垣．2013．论话题与主语的认知通达机制[J]．华南理工大学学报(社会科学版)，第2期：103-109页．

[106]周长银．2016．概念结构与平行构建理论及其最新进展[J]．当代语言学，第3期：431-451页．

[107]朱德熙．1985．语法答问[M]．北京：商务印书馆．

二、英文文献

[1]Arnaudova, O. 2005. Two Types of Topics and What They Can Tell Us about Argument Saturation. Paper presented at the 79th Annual Meeting of the Linguistics Society of America, Oakland, USA, January.

[2]Bloomfield, L. 1933. *Language*. London: Allen & Unwin.

[3]Bresnan, J. 1982. *The Mental Representation of Grammatical Relations*. Cambridge, MA: MIT Press.

[4]Bresnan, J. 2001. *Lexical Functional Syntax*. Oxford: Blackwell.

[5]Burridge, K. 1993. *Syntactic Change in Germanic Aspect: Aspects of Language Change in Germanic, with Special Reference to Middle Dutch*. Strassberg: Trübner.

[6]Bybee, J. 2005. The Impact of Use on Representation:

Grammar Is Usage and Usage Is Grammar. *Language*, 82(4): 711-733.

[7]Cattell, R. 1976. Constraints on Movement Rules. *Language*, 52(1): 18-50.

[8]Chafe, W. 1976. Givenness, Contrastiveness, Definitensess, Subjects, Topics and Point of View. In Charles N. Li (ed.), *Subject and Topic*, 25-55. New York: Academic Press.

[9]Chao, Yuen Ren (赵元任). 1968. *A Grammar of Spoken Chinese*. Berkeley, California: University of California Press.

[10]Chomsky, N. 1965. *Aspects of the Theory of Syntax*. Cambridge, MA: MIT Press.

[11]Chomsky, N. 1973. Conditions on Transformations. In S. Anderson & R. Kiparsky (eds.), *A Festschrift for Morris Halle*, 232-286. New York: Holt, Rinehart and Winston.

[12]Chomsky, N. 1977. On Wh-movement. In Peter Culicover, Thomas Wasow & Adrian Akmajian (eds.), *Formal Syntax*, 71-132. New York: Academic Press.

[13]Chomsky, N. 1981. *Lectures on Government and Binding*. Dordrecht: Foris Publications.

[14]Chomsky, N. 1982. *Some Concepts and Consequences of the Theory of Government and Binding*. Cambridge, MA: MIT Press.

[15]Chomsky, N. 1986. *Barriers*. Cambridge, MA: MIT Press.

[16]Chomsky, N. 1993. A Minimalist Program for Linguistic Theory. In Kenneth Hale & Samuel Jay Keyser (eds.), *The View from Building 20: Essays in Linguistics in Honor of Sylvain*

Bromberger, 1-52. Cambridge, MA: MIT Press.

[17]Chomsky, N. 2000. Minimalist Inquires: The Framework. In Roger Martin, David Michaels & Juan Uriagereka (eds.), *Step by Step*, 89-156. Cambridge, MA: MIT Press.

[18] Chomsky, N. 2001. Derivation by Phase. In M. Kenstowicz (ed.), *Ken Hale: A Life in Language*, 1-52. Cambridge, MA: MIT Press.

[19]Chomsky, N. 2004. Beyond Explanatory Adequacy. In A. Belletti (ed.), *Structures and Beyond: The Cartography of Syntactic Structures*, 104-131. Oxford: Oxford University Press.

[20]Chomsky, N. 2008. On Phases. In Robert, Freidin *et al.* (eds.), *Foundational Issues in Linguistic Theory*, 133-166. Cambridge, MA: MIT Press.

[21]Comrie, B. 1981. *Language Universals and Linguistic Typology*. Chicago: The University of Chicago Press.

[22]Comrie, B. 1989. *Language Universals Linguistic Typology* (2nd ed.). Chicago: The University of Chicago Press.

[23]Cruse, D. A. 2000. *Meaning in Language: An Introduction to Semantics and Pragmatics*. Oxford: Oxford University Press.

[24]Culicover, P. 1991. Polarity, Inversion and Focus in English. In Westphal *et al.* (eds.), *Proceedings of the Eighth Eastern States Conference on Linguistics (ESCOL)*, 46-68. Department of Linguistics, The Ohio State University.

[25]Culicover, P. 2013. The Role of Linear Order in the Computation of Referential Dependencies. *Lingua*, 136 (4): 125-144.

[26]Culicover, P. & R. Jackendoff. 2005. *Simpler Syntax*.

Oxford: Oxford University Press.

[27]Davison, A. 1984. Syntactic Markedness and the Definition of Sentence Topic. *Language*, 60(4): 797-846.

[28] Deane, P. 1991. Limits to Attention: A Cognitive Theory of Island Phenomena. *Cognitive Linguistics*, 2(1): 1-63.

[29] Erteschik-Shir, N. 1973. *On the Nature of Island Constraints*. PhD. Dissertation, MIT.

[30]Erteschik-Shir, N. 1979. Discourse Constraints on Dative Movement. In S. Laberge & G. Sankoff (eds.), *Syntax and Semantics*, 441-467. New York: Academic Press.

[31]Fillmore, C. J. 1988. The Mechanisms of Construction Grammar. In *Proceedings of the Fourteenth Annual Meeting of the Berkeley Linguistics Society*, 35-55. Berkeley: University of California, Berkeley Linguistic Society.

[32]Finegan, E. 1995. Subjectivity and Subjectivisation: An Introduction. In Stein & Wright (eds.), *Subjectivity and Subjectivisation: Linguistic Perspectives*, 1-15. Cambridge: Cambridge University Press.

[33]Fodor, J. 1970. Three Reasons for Not Deriving "kill" from "cause to die". *Linguistic Inquiry*, 1(4): 429-438.

[34]Frey, W. 2004. Notes on the Syntax and Pragmatics of German Left Dislocation. In H. Lohnstein & S. Trissller (eds.), *The Syntax and Semantics of the Left Periphery*, 203-233. Berlin: Mouton de Gruyter.

[35]Gasde, H. & W. Paul. 1996. Functional Categories, Topic Prominence and Complex Sentences in Mandarin Chinese. *Linguistics*, 34(2): 263-294.

[36] Gasde, H. 1999. Are There "Topic-prominence" and "Subject-prominence" along the Line of Li & Thompson (1976) ? Paper presented at Workshop on Adding and Omitting, University of Konstanz, Konstanz, Germany.

[37] Gibson, E. 1998. Linguistic Complexity: Locality of Dependencies. *Cognition*, 68(1): 1-76.

[38] Gibson, E. & N. Pearlmutter. 1998. Constraints on Sentence Comprehension. *Trends in Cognitive Science*, 2(7): 262-268.

[39] Givón, T. 1971. Historical Syntax and Synchronic Morphology: An Archaeologist's Field Trip. *Chicago Linguistic Society*, 7(1): 394-415.

[40] Givón, T. 1976. Topic, Pronoun, and Grammatical Agreement. In C. N. Li (ed.), *Subject and Topic*, 149-158. New York: Academic.

[41] Givón, T. 1990. *Syntax: A Functional-typological Introduction*, Vol. 2. Amsterdam: John Benjamins Publishing Company.

[42] Givón, T. 2001. *Syntax: An Introduction*, Vol. 2. Amsterdam: John Benjamins Publishing Company.

[43] Goldberg, A. 1995. *Constructions: A Construction Grammar Approach to Argument Structure*. Chicago: University of Chicago Press.

[44] Goldberg, A. 2001. Patient Arguments of Causative Verbs Can Be Omitted: The Role of Information Structure in Argument Distribution. *Language Sciences*, 23(4): 503-524.

[45] Goldberg, A. 2006. *Constructions at Work: The Nature of Generalization in Language*. New York: Oxford University Press.

[46]Goldberg, A. 2013. Backgrounded Constituents Cannot Be "Extracted". In J. Sprouse & N. Hornstein (eds.), *Experimental Syntax and Island Effects*, 221-238. Cambridge: Cambridge University Press.

[47]Goldberg, A. & F. Ackerman. 2001. The Pragmatics of Obligatory Adjuncts. *Language*, 77(4): 798-814.

[48]Greenberg, J. 1963. Some Universals of Grammar with Particular Reference to the Order of Meaningful Elements. In J. Greenberg (ed.), *Universals of Language*, 73-113. Cambridge, MA: MIT Press.

[49]Gregory, M. & L. Michaelis. 2001. Topicalization and Left-dislocation: A Functional Opposition Revisited. *Journal of Pragmatics*, 33(11): 1665-1706.

[50]Grice, H. P. 1975. Logic and Conversation. In P. Cole & J. Morgan (eds.), *Syntax and Semantics*, Volume 3, 41-58. New York: Academic Press.

[51] Gundel, J. K. 1988. Universals of Topic-comment Structure. In MichaelHammond *et al.* (eds.), *Studies in Syntactic Typology*, 209-239. Amsterdam Philadelphia: John Benjamins.

[52]Gundel, J. K. &T. Fretheim. 2004. Topic and Focus. In Laurence Horn & Gregory Ward (eds.), *The Handbook of Pragmatic Theory*, 174-196. Oxford: Blackwell.

[53]Haiman, J. 1978. Conditions Are Topics. *Language*, 54(3): 564-589.

[54]Haiman, J. 1980. The Iconicity of Grammar: Isomorphism and Motivation. *Language*, 56(3): 515-540.

[55]Haiman, J. 1985. *Natural Syntax*. Cambridge: Cambridge University Press.

[56]Halliday, M. 1967. Notes on Transitivity and Theme in English: Part II. *Journal of Linguistics*, 3(2): 199-244.

[57]Hawkins, J. A. 1986. *A Comparative Typology of English and German: Unifying the Contrasts*. London: Croom Helm.

[58]Her, One-Soon. 1991. Topic as a Grammatical Function in Chinese. *Lingua*, 84(1): 1-23.

[59]Hockett, C. F. 1958. *A Course in Modern Linguistics*. New York: The Macmillan Company.

[60]Hofmeiser, P. & I. Sag. 2010. Cognitive Constraints and Island Effects. *Language*, 86(2): 366-415.

[61]Hopper, P. J. & S. A. Thompson. 1980. Transitivity in Grammar and Discourse. *Language*, 56(2): 251-299.

[62]Horn, L. R. 1984. Toward a New Taxonomy for Pragmatic Inference: Q-based and R-based Implicature. In D. Schiffrin (ed.), *Meaning Form and Use in Context: Linguistic Applications*, 11-42. Washington, DC: Georgetown University Press.

[63]Hsu, Y. Y. 2009. Possessor Extraction in Mandarin Chinese. *University of Pennsylvania Working Papers in Linguistics*, 15(1): 94-104.

[64]Hsu, C. C. & S. C. Y. Hsieh. 2013. The Effects of Syntactic Knowledge and Extra-grammatical Factors on Sentence Acceptability Judgment: An Empirical Study on Chinese Topic Constructions. *Taiwan Journal of Linguistics*, 11(1): 91-124.

[65] Hu, J., H. Pan & L. Xu. 2001. Is There a Finite vs. Nonfinite Distinction in Chinese. *Linguistics*, 39(6): 1117-1148.

[66] Hu, J. & H. Pan（胡建华、潘海华）. 2000. Deriving the Subject-object Asymmetry in Topicalization. *International Symposium on Topic and Focus*, Hong Kong.

[67] Huang, C. R. 1989. Subcategorized Topics in Mandarin Chinese. Paper presented at the 1989 CLTA Annual Meeting, November 17-19, Boston, MA.

[68] Huang, C.-T. James（黄正德）. 1982. *Logical Relations in Chinese and the Theory of Grammar*. PhD. Dissertation. Cambridge, MA: MIT.

[69] Huang, C.-T. James. 1984. On the Distribution and Reference of Empty Pronouns. *Linguistic Inquiry*, 15(4): 531-574.

[70] Huang, C.-T. James. 1987. Remarks on Empty Categories in Chinese. *Linguistic Inquiry*, 18(2): 321-337.

[71] Huang, C.-T. James. 1989. Pro Drop in Chinese: A Generalized Control Approach. In Osvaldo Jaeggli & Ken Safir (eds.), *The Null Subject Parameter*, 185-214. Dordrecht: D. Reidel.

[72] Huang, C.-T. James. 1991. On Be and Have in Chinese. In Institute of History and Philology (ed.), *Essays in Memory of Professor Fangkwei Li*, 43-62. Taipei.

[73] Huang, C.-T. J., Y.-H. A. Li & Y. F. Li. 2009. *The Syntax of Chinese*. Cambridge: Cambridge University Press.

[74] Huang, R. H. & J. Ting（黄瑞恒，丁仁）. 2006. Are There Dangle Topics in Mandarin Chinese? *Concentric Studies in*

Linguistics, 32(1): 119-146.

[75]Huang, Yan(黄衍). 1994. *The Syntax and Pragmatics of Anaphor: With Special Reference to Chinese*. Cambridge: Cambridge University Press.

[76]Huck, G. &Y. Na. 1990. Extraposition and Focus. *Language*, 66(1): 51-77.

[77]Jackendoff, R. 1972. *Semantic Interpretation in Generative Grammar*. Cambridge, MA: MIT Press.

[78]Jackendoff, R. 1983. *Semantics and Cognition*. Cambridge, MA: MIT Press.

[79]Jackendoff, R. 1987. *Consciousness and the Computational Mind*. Cambridge, MA: MIT Press.

[80]Jackendoff, R. 1990. *Semantic Structures*. Cambridge, MA: MIT Press.

[81]Jackendoff, R. 1997. *The Architecture of Language Faculty*. Cambridge, MA: MIT Press.

[82]Jackendoff, R. 2002. *Foundations of Language*. Oxford: Oxford University Press.

[83]Jackendoff, R. 2007a. *Language, Consciousness, Culture—Essays on Mental Structure*. Cambridge, MA: MIT Press.

[84]Jackendoff, R. 2007b. A Parallel Architecture Perspective on Language Processing. *Brain Research*, 1146(1): 2-22.

[85]Jacobs, J. 2001. *The Dimensions of Topic-comment*. *Linguistics*, 39 (4): 641-81.

[86]Jiang, Zixin(蒋自新). 1991. *Some Aspects of the Syntax of Topic and Subject in Chinese*. Ph. D. Dissertation. The University of Chicago.

[87]Kuno, S. 1972. Functional Sentence Perspective: A Case Study from Japanese and English. *Linguistic Inquiry*, 3(3): 269-320.

[88]Lakoff, G. 1971. On Generative Semantics. In D. Steinberg & L. Jakobovits (eds.), *Semantics*, 232-296. Cambridge: Cambridge University Press.

[89]Lambrecht, K. 1994. *Information Structure and Sentence Form*. Cambridge: Cambridge University Press.

[90]Langacker, R. 1987. *Foundations of Cognitive Grammar Vol. I: Theoretical Prerequisites*. Stanford, CA: Stanford University Press.

[91]Langacker, R. 1991. *Foundations of Cognitive Grammar. Vol II. Descriptive Application*. Stanford, CA: Stanford University Press.

[92]Langacker, R. W. 1993. *Reference-Point Construction*. *Cognitive Linguistics*, 4(1): 1-38.

[93]LaPolla, R. J. (罗仁地). 1990. *Grammatical Relations in Chinese: Synchronic and Diachronic Considerations*. PhD. Dissertation. Berkeley: University of California.

[94]LaPolla, R.J. 1993. Arguments against Subject and Direct Object as Viable Concepts in Chinese. *Bulletin of the Institute of History and Philology*, 63(4): 759-813.

[95]LaPolla, R. J. 1995. Pragmatic Relations and Word Order in Chinese. In Pamela Downing & Michael Noonan (eds.), *Word Order in Discourse*, 299-331. Amsterdam and Philadelphia: John Benjamins.

[96]Lehmann, W. P. 1976. From Topic to Subject. In

Charles N. Li. (eds.), *Subject and Topic*, 447-456. New York: Academic Press.

[97]Levin, B. &T. Rapoport, 1988. Lexical Subordination. In D. Brentari, G. Larson & L. Macleod (eds.), *Proceedings of the 24th Annual Meeting of the Chicago Linguistic Society*, 275-289. Chicago: Chicago Linguistic Society.

[98]Li, Charles N. & Sandra A. Thompson. 1976. Subject and Topic: A New Typology of Language. In Charles N. Li. (eds.), *Subject and Topic*, 457-489. New York: Academic Press.

[99]Li, Charles N. & Sandra A. Thompson. 1981. *Mandarin Chinese: A Functional Reference Grammar*. Berkeley: University of California Press.

[100]Li, Kening. 2009. *The Information Structure of Chinese: Syntax and Prosody*. PhD. Dissertation. Seattle, WA: University of Washington.

[101]Li, Y.-H. Audrey(李艳惠). 1990. *Order and Constituency in Mandarin Chinese*. Dordrecht: Kluwer.

[102]Li, Y.-H. Audrey. 2000. Topic Structures and Minimal Effort. *ZAS Papers in Linguistics*, 20: 1-20.

[103]Lin, Tzong-Hong (林宗宏). 2001. *Light Verb Syntax and the Theory of Phrase Structure*. PhD. Dissertation. University of California.

[104] Liu, Linjun. *A Cognitive-functional Approach to Topic Constructions in Mandarin Chinese*. PhD. Dissertation. The University of Manitoba.

[105] Lombard, L. 1986. *Events: A Metaphysical Study*. London: Poutledge & Kegan Paul.

[106]McCawley, J. 1968. Lexical Insertion in a Transformational Grammar without Deep Structure. *Proceedings of the Chicago Linguistic Society*, 4, 71-80. Chicago: Chicago Linguistic Society.

[107] Myers, J. 2012. Testing Adjunct and Conjunct Island Constraints in Chinese. *Language and Linguistics*, 13(3): 437-470.

[108]Newmeyer, F. J. 2003. Grammar Is Grammar and Usage Is Usage. *Language*, 79(4): 682-707.

[109]Ning, Chunyan (宁春岩). 1993. *The Overt Syntax of Topicalization and Relativization in Chinese*. PhD. Dissertation. University of California, Irvine.

[110] O'Grady, W. 1997. *Syntactic Development*. Chicago: University of Chicago.

[111]Pan, Haihua & Jianhua Hu (潘海华、胡建华). 2002. Representing Topic-comment Structure in Chinese. In *Proceeding of 16th Pacific-Asia Conference on Language, Information and Computation*. Jeju, Korea. 382-390.

[112]Pan, Haihua & Jianhua Hu. 2008. A Semantic-pragmatic Interface Account of (Dangling) Topics in Mandarin Chinese. *Journal of Pragmatics*, 40(11): 1966-1981.

[113] Paul, Waltraud. 2002. Sentence-internal Topics in Mandarin Chinese: The Case of Object Preposing. *Language and Linguistics*, 3(4): 695-714.

[114]Paul, Waltraud. 2005. Low IP Area and Left-periphery in Mandarin Chinese. *Recherches Linguistiques de Vincennes*, 33: 111-134.

[115] Pollard, C. & I. A. Sag. 1987. *Information-based Syntax and Semantics, Volume 1: Fundamentals*. Stanford,

Calif.: CSLI.

[116] Pollard, C. & I. A. Sag. 1994. *Head-driven Phrase Structure Grammar*. Chicago: University of Chicago Press.

[117]Polinksy, M. 1999. Information Structure and Sentence Form: Topic, Focus, and the Mental Representations of Discourse Referents. *Language*, 75(3): 567-582.

[118]Postal, P. M. 1972. The Best Theory. In R. S. Peters (ed.), *Goals of Linguistic Theory*, 131-179. Englewood Cliffs, NJ: Prentice-Hall.

[119]Pustejovsky, J. 1991. The Generative Lexicon. *Computational Linguistics*, 17(4): 409-441.

[120]Pustejovsky, J. 1995. *The Generative Lexicon*. Cambridge, MA: MIT Press.

[121]Qu, Yanfeng. 1994. *Object Noun Phrase Dislocation in Mandarin Chinese*. PhD. Dissertation. University of British Columbia.

[122]Quirk, R. &Wrenn, C. L. 1958. *An Old English Grammar* (2nd ed.). London: Methuen.

[123] Radford, A. 1988. *Transformational Grammar: A First Course*. Cambridge, UK: Cambridge University Press.

[124] Reinhart, T. 1981. Pragmatics and Linguistics: An Analysis of Sentence Topic. *Philosophia*, 27(1): 53-94.

[125]Rizzi, L. 1997. The Fine Structure of the Left Periphery. In L. Haegeman (ed.), *Elements of Grammar*, 281-338. Dordrecht: Kluwer Academic Publishers.

[126]Rodman, 1997. On Left Dislocation. In E. Anagnostopoulou, H. van Riemsdijk & F. Zwarts (eds.), *Materials on Left Dislocation*,

31-54. Amsterdam: John Benjamins.

[127]Rosch, E. 1973. Natural Categories. *Cognitive Psychology*, 4: 328-350.

[128]Rosch, E. 1975. Cognitive Representations of Semantics Categories. *Toward an Experimental Psycholog: General*, 104: 192-233.

[129]Ross, J. 1967. *Constraints on Variables in Syntax*. PhD. Dissertation. MIT, Cambridge, MA.

[130]Sadock, J. M. 2012. *The Modular Architecture of Grammar*. New York: Cambridge University Press.

[131]Schiffrin, D. 1988. Sociolinguistic Approaches to Discourse: Topic and Reference in Narrative. In K. Ferrera, B. Brown, K. Walters & J. Baugh (eds.), *Linguistic Change and Contact*, 1-28. Austin: Department of Linguistics, University of Texas.

[132]Schiffrin, D. 1992. Conditionals as Topics in Discourse. *Linguistics*, 30(1):165-198.

[133]Shi, D. (石定栩). 1992. *The Nature of Topic Comment Construction and Topic Chains*. PhD. Dissertation. Los Angles: University of Southern California.

[134]Shi, D. 1994. The Nature of Chinese Emphatic Sentences. *Journal of East Asian Linguistics*, 3: 81-100.

[135]Shi, D. 2000. Topic and Topic-comment Constructions in Mandarin Chinese. *Language*, 76(2): 383-408.

[136]Shlonsky, U. 1992. Resumptive Pronouns as a Last Resort. *Linguistic Inquiry*, 23(3): 443-468.

[137]Shyu, Shu-ing (徐淑瑛). 1995. *The Syntax of Focus and Topic in Mandarin Chinese*. PhD. Dissertation. Los Angeles:

University of Southern California.

[138]Shyu, Shu-ing. 2001. Remarks on Object Movement in Mandarin SOV Order. *Language and Linguistics*, 2(1): 93-124.

[139] Simargool, N. 2005. *Historical Development of the English Middle Constructions*. PhD. Dissertation. University of Wisconsin-Madison.

[140] Smith, S. C. 1997. *The Parameter of Aspect* (2nd ed.). Dordrecht: Kluwer.

[141]Stepanov, A. 2007. The End of CED? Minimalism and Extraction Domains. *Syntax*, 10(1): 80-126.

[142]Tai, H. Y. James. 1973. Chinese as a SOV Language. In C. Corum *et al.* (eds.), *Papers from the Nineth Reginal Meeting of Chicago Linguistic Society*. Chicago: Chicago University Press.

[143] Tai, H. Y. James. 1998. "Topic", "Subject" and Argument Selection in Chinese. *Tsing Hua Journal of Chinese*, New Series XXVII, 1: 83-101.

[144]Takami, Ken-Ichi. 1988. Preposition Stranding: Arguments against Syntactic Analysis and an Alternative Functional Explanation. *Lingua*, 76(4): 299-335.

[145] Talmy, L. 2000. *Toward a Cognitive Semantics II: Typology and Process in Concept Structuring*. Cambridge, MA: The MIT Press.

[146]Tang, C. C. J. 1990. *Chinese Phrase Structure and the Extended X'-Theory*. PhD. Dissertation. Cornell University, Ithaca, New York.

[147] Tao, Hongyin & Thompson, Sandra A. 1994. The

Discourse and Grammar Interface: Preferred Clause Structure in Mandarin Conversation. *Journal of the Chinese Language Teachers Association*, 29(3):1-34.

[148]Taylor, J. R. 1995. *Linguistic Categorization: Prototypes in Linguistic Theory* (2nd ed.). Oxford: Clarendon Press.

[149]Teng, S. 1974. Double Nominatives in Chinese. *Language*, 50(3): 455-473.

[150]Teng, S. 1979. Remarks on Cleft Sentences in Chinese. *Journal of Chinese Linguistics*, 7(1): 101-114.

[151]Thompson, Sandra A. 1978. Modern English from a Typological Point of View: Some Implications of the Function of Word Order. *Linguistische Berichte*, 54(78): 19-35.

[152]Ting, J. (丁仁). 2006. The Middle Construction in Mandarin Chinese and the Presyntactic Approach. *Concentric: Studies in Linguistics*, 32(1): 89-117.

[153] Tomlin, R. 1986. *Basic Word Order: Functional Principles*. Croom Helm: London.

[154] Truswell, R. 2011. *Events, Phrases, and Questions*. Oxford: Oxford University Press.

[155]Tsao, Fengfu (曹逢甫). 1977. *A Functional Study of Chinese of Topic in Chinese: The First Step towards Discourse Analysis*. PhD. Dissertation. Los Angeles: University of Southern California.

[156] Tsao, Fengfu. 1990. *Sentence and Clause Structure in Chinese: A Functional Perspective*. Taipei: Student Books.

[157]van Dijk, T. A. 1977. Sentence Topic and Discourse Topic. *Papers in Slavic Philosophy*, 1: 49-61.

[158] van Dijk, T. A. 1981. *Studies in the Pragmatics of Discourse*. The Hague: Mouton.

[159]van Oosten, J. 1984. A Unified View of Topic. *Proceedings of the 10th Annual Meeting of the Berkeley Linguistics Society*, 372-385. Berkeley: University of California, Berkeley Linguistic Society.

[160]van Oosten, J. 1986. *The Nature of Subjects, Topics and Agents: A Cognitive Explanation*. Bloomington: Indiana University Linguistic Club Publications.

[161]van Valin, R. 1998. The Acquisition of Wh-questions and the Mechanisms of Language Acquisition. In M. Tomasello (ed.), *The New Psychology of Language: Cognitive and Functional Approaches to Language Structure*, 221-249. Hillsdale, NJ: Lawrence Erlbaum.

[162]Vendler, Z. 1967. *Linguistics in Philosophy*. Ithaca, New York: Cornell University Press.

[163]Verkuyl, H. 1972. *On the Compositional Nature of the Aspects*. Dordrecht: Kluwer.

[164] Verkuyl, H. 1993. *A Theory of Aspectuality: The Interaction between Temporal and Atemporal Structure*. Cambridge: Cambridge University Press.

[165]Vendler, Z. 1967. *Linguistics in Philosophy*. Ithaca, New York: Cornell University Press.

[166]Wei, T. C. 2009. Some Notes on Sloppy Identity in Mandarin Sluicing. *Concentric: Studies in Linguistics*, 35(2): 269-306.

[167]Whaley, L. J. 1997. *Introduction to Typology: The Unity and Diversity of Language*. California: Sage Publications.

[168]Xu, Liejiong & D. Terence Langendoen. 1985. Topic Structures in Chinese. *Language*, 61(1):1-27.

[169]Xu, Liejiong. 1986. Free Empty Category. *Linguistic Inquiry*, 17(1): 75-93.

[170] Yao Yao. 2007. Double Nominative Construction Revisited—A corpus-based Study on the Semantic Interpretation of Chinese Topic Sentences. In *Proceedings from the 8th Chinese Lexical Semantics Workshop* (*CLSW08*), 1-9. Hong Kong.

[171]Yoshimura, K. & J. R. Taylor. 2004. What Makes a Good Middle? The Role of Qualia in the Interpretation and Acceptability of Middle Expressions in English. *English Language and Linguistics*, 8(2): 293-321.

[172]Yu, Haopeng. 2014. The Syntax of Topicalization of NP/DP after "DE" in Chinese. *Theory and Practice in Language Studies*, 4(12): 2594-2598.

[173] Zhang, N. 2002. Island Effects and Episodic Eventualities in Chinese Topicalization. In D. Hole, P. Law & N. Zhang (eds.), *Linguistics by Heart: In Honor of Horst-Dieter Gasde*. ZAS-Berlin, http://www.ccunix.ccu.edu.tw/~lngnz/.

[174]Zhang, N. 2009. *Coordination in Syntax*. Cambridge: Cambridge University Press.